新型城镇化进程中

新生代农业转移人口城市融入研究

Research on the Integration of the New Generation of Agricultural Transfer
Population into Cities in the Process of New Urbanization

陈 晨 著

中国商务出版社

·北京·

图书在版编目（CIP）数据

新型城镇化进程中新生代农业转移人口城市融入研究 /
陈晨著 . — 北京：中国商务出版社，2023.5
　　ISBN 978-7-5103-4712-2

　　Ⅰ.①新… Ⅱ.①陈… Ⅲ.①农业人口—城市化—研
究—中国 Ⅳ.① C924.24

中国版本图书馆 CIP 数据核字（2023）第 085056 号

新型城镇化进程中新生代农业转移人口城市融入研究
XINXING CHENGZHENHUA JINCHENG ZHONG XINSHENGDAI NONGYE
ZHUANYI RENKOU CHENGSHI RONGRU YANJIU

陈　晨　著

出　　版：中国商务出版社			
地　　址：北京市东城区安外东后巷 28 号　　邮编：100710			
责任部门：商务事业部（010-64269744）			
责任编辑：郭舒怡			
直销客服：010-64266119			
总 发 行：中国商务出版社发行部（010-64208388　64515150）			
网购零售：中国商务出版社淘宝店（010-64286917）			
网　　址：http://www.cctpress.com			
网　　店：https://shop595663922.taobao.com			
邮　　箱：bjys@cctpress.com			
排　　版：中正书业			
印　　刷：三河市龙大印装有限公司			
开　　本：710 毫米 ×1000 毫米 1/16			
印　　张：13.75		字　　数：217 千字	
版　　次：2023 年 7 月第 1 版		印　　次：2023 年 7 月第 1 次印刷	
书　　号：ISBN 978-7-5103-4712-2			
定　　价：59.80 元			

前　言

　　本书是以博士毕业论文为基础修改而成。能够出版要感谢湖北大学马克思主义学院的经费支持。之所以选择此研究方向，是因为笔者在找资料过程中有感于中国的农民和农业转移人口对于国家发展所做出的贡献和牺牲。中国的现代化是人口巨大的现代化，是全体人民共同富裕的现代化，而其中应当也必须包括已实现由乡到城转变的农业转移人口。实现中国式现代化的过程中包含着他们辛勤付出的汗水，中国式现代化的果实也应该由他们共同享有。

　　农业转移人口与改革相生、与国运同行、与时代共鸣。新中国成立后，在高度集中的计划经济体制思维下，我国形成了限制人口自由流动的户籍制度，城镇化近乎停滞。改革开放之后，随着经济快速回暖，我国解决了全国人民的温饱问题，保障了包括农民在内的全国人民的生存权。随着生产力的提高以及农业劳动生产率的提升，农村出现大量农业剩余人口，农民强烈的发展意愿在乡村地区无法得到有效满足。随着社会主义市场经济体制的建立，城市劳动密集型企业对大量廉价劳动力的需求，给农民提供了获取更多收入和发展机会的可能。在城市拉力和农村推力的共同作用下，经过市场这只"看不见的手"自发调节，中华大地上出现了农村剩余劳动力自觉自发的乡城流动。尊重人民首创精神的观念给了农民冲开城市大门的可能，改革开放的强国之策给了农民在城市居留发展的机会，城市在国际产业转移的浪潮中迎来了前所未有的发展机遇，农业转移人口也在用脚投票的大规模迁徙中寻找着改变命运的时机。国运上扬的战略机遇与农民强烈的发展意愿产生了催化反应，我国城镇化的高速发展得益于此，同时城镇化又进一步推动了大量农业转移人口在产业上实现由农业向工业、服务业的转向。

改革开放四十多年来，中国大地上大规模、跨区域、多层次的劳动力社会性流动为经济社会发展和城市建设提供了充沛的人力资源，其中大多数为农业转移人口。《2021 年农民工监测调查报告》显示，2021 年全国农民工总量已达到 29251 万人。将近 3 亿的农民工在中华大地上进行着由乡到城的地域流动，以及由农业向工业、服务业的产业转向，他们成为城镇化快速发展的重要推手，为"中国奇迹"的出现和"中国模式"的诞生发挥了重大的作用，也使城市发生着日新月异的变化。城市是生产现代化的结果，集聚效应和虹吸效应使得优质资源不断向城市集中，目前无论从生活居住还是从配套服务的角度来说，城市都是更适宜人类居住和人全面发展的聚居形态。作为城市的建设者，出于对美好生活的向往，农业转移人口多数希望城市能够进得来、住得下、留得住，然而大多数农业转移人口却无法享受与城市居民同等的权利和义务，更高层次的发展权得不到满足。

在经济社会转型、改革开放带来的爆发式工业化进程中，我国城镇化进程长期滞后于工业化进程。在改革开放之前形成的城乡二元化的制度设计中，依然存在一些阻碍社会性流动的体制机制障碍，例如形成于计划经济时代的户籍制度、用人制度等滞后于新时代"人的城镇化"的现实需求，导致了我国在推进城镇化发展的同时，制度设计产生的后遗症也日益凸显。农业转移人口进城务工遭遇的身份歧视、地位差异、融入困境阻碍了城镇化进程，二元劳动力市场的分割造成经济领域不公。经济领域的不公伴随着政治平等权利的缺失，基于制度隔离产生的差距，久而久之一定程度固化了城市的优越和对农业转移人口的社会排斥，并最终形成农业转移人口与城市市民之间严重的"社会堕距"。没有城市户籍的"农民工"成为城市事实上的"二等公民"，很难融入城市。城乡二元结构并没有随着农业转移人口的流动渠道畅通而消失，反而发展成为城市新二元结构，依旧阻碍着农业转移人口市民化的质量提升。新时代在我国以人为核心的城镇化发展理念驱动下，农业转移人口市民化不断取得新成果，例如，深化户籍制度改革、部分取消或放宽落户限制、完善积分落户政策、推进基本公共服务均等化、保障常住人口享有与户籍人口同等基本公共服务的权利等。这不仅是遵循人口流动规律、促进人口自由流动、实现人的全面发展的重要举措，也是促进新型城镇化持续健康发展、实现全民共建共享共治的有力措施。人民对美好生活的向往是党和政府的奋斗目标，对于新型城镇化来说，也应该更加注重以人为本、包容发展、共建共享、机会均等、权利平等。以人为本、包容共享的城镇化要求我们继续关注公共服务的覆盖水平，完善公共服务配置，并在此基础上逐渐补齐民生短板，尊重个体的生存需求和发展需求，推进基本公共服务均等化，完善城市治理结构，实现资源与财富的合理分配，使老有所养、壮有所用、幼有所养、学有所教、住有所居、病有所医，增强多元主体对城市的认同感和归属感，提高全体民众生活幸福指数。最终在时机成熟的时候，彻底实现农业转移人口由农民向市民的转变，完成中国的城镇化。

本书以马克思主义为指导，以马克思主义城市发展理论和城乡融合理论作为新型城镇化进程中新生代农业转移人口城市融入的理论基础，分析了新生代农业转移人口城市融入的理论来源，分析了改革前后两个阶段中国在两个不同体制下进行城镇化建设的历程和在此过程中农民流动或农业转移人口城市融入的进程，并对我国农业转移人口城市融入取得的成就和出现的问题进行了简单评述，然后对新型城镇化中新生代农业转移人口城市融入的现状、困境进行了分析，在总结典型城市取得的经验的基础上，探讨了中国新型城镇化进程中新生代农业转移人口城市融入的对策。

在马克思、恩格斯生活的年代，资本主义世界进入了工业化和城市化快速发展时代，马克思主义创始人敏锐地注意到了这一现象，并进行了系统的研究和阐释。马克思发现了城市发展的弊端，指出了城乡对立以及消除城乡差别的必然性。消灭城乡对立，需要以工业现代化推进城市现代化，然后逐步向乡村扩张，改造农业生产方式，改变农民生活习惯和思维模式。而这个过程，就是城乡融合的变革过程，对我国新型城镇化以及城市融入有重要的指导意义。经济学的农村剩余劳动力转移理论和人口迁移理论对我国的城镇化和城市融入进程也有重要借鉴意义。

新中国成立以来，中国城镇化和农村剩余劳动力转移的发展，经历了一个非常曲折的发展历程，但是总体呈现不断发展的态势。改革开放之前，城镇化建设和农村剩余劳动力转移分为四个阶段：新中国成立至 1957 年是城市规模增大与农民自由转移阶段，1958 年至 1960 年是虚假城镇化与农民快速转移阶段，1961 年至 1965 年是逆城镇化与农村人口回流阶段， 1966 年至 1978 年是城镇化停顿与农村劳动力转移停滞阶段。改革开放以来，中国的经济发展从此走上正轨，城镇化和城市融入进入了持续、快速发展阶段，具体可分为四个阶段：1978 年至 1992 年是小城镇发展方针与农业转移人口迁移曲折发展阶段，1992 年至 2002 年是城镇化快速发展和农业转移人口大规模跨区域转移阶段，2002 年至 2012 年是统筹城乡发展的城镇化和农业转移人口流动平稳发展阶段，2012 年至今是以人为核心的新型城镇化和促进农业转移人口城市融入阶段。我国农业转移人口城市融入实现了 3 亿多人的乡城转移，农业转移人口市民化取得了辉煌的成就，扭转了市民化的发展理念，城市落户门槛普遍降低，城市公共服务水平显著提升，落户激励补偿措施稳步推进。但也出现了城市规模与人口吸纳能力不对称，城市新二元结构形成，半城市化模式难以为继的问题。

　　农业转移人口从 20 世纪 80 年代中期在中国出现，经过四十多年时间，新生代农业转移人口成为我国工人的主体，他们的素质整体较高，迁移动机转变为发展理性，具有强烈的城市融入意愿、城乡双重边缘性、更强烈的维权意识表达，同时表达利益诉求方式多样化。但是新生代农业转移人口城市融入水平却处于半融入的状态。本书分析了新生代农业转移人口城市就业状况、劳动关系状况、城市生活状况、城市居住状况以及政治参与状况，分析了新型城镇化下推进新生代农业转移人口城市融入面临的机遇。新型城镇化重在推进人口城镇化的转型发展，新型城镇化将促进新生代农业转移人口城市融入加速发展，新型城镇化的着力点是改革城乡二元化的户籍制度，新型城镇化能够有效提升新生代农业转移人口就业水平。本书还分析了新生代农业转移人口城市融入所面临的挑战：构建身份认同的挑战、促进职业发展的挑战、保障劳动权益的挑战、提供均等化公共服务的挑战。

　　对于新生代农业转移人口城市融入的实践探索，需要对一些有代表性的地方政府关于新生代农业转移人口城市融入政策的制定和实施情况进行研究。本研究选取了北京、上海两个一线城市，郑州、武汉两个中部省会城市，重庆、西安两个西部省会城市。比较它们在推进新生代农业转移人口城市融入方面的做法。北京、上海经济发达，就业机会多，是新生代农业转移人口的主要流入地，这两地实行的城市融入政策有较强的示范作用。郑州所在的河南省是农业大省，农民数量为全国之最；武汉交通便捷，是中部重要城市，郑州和武汉的新生代农业转移人口城市融入政策有较强的借鉴意义。西部"大城市与大农村相结合"的重庆和西安是就地吸纳新生代农业转移人口的重点地区。在对这几个典型城市进行分析的基础上，笔者得出了推进新生代农业转移人口城市融入的经验启示：通过加强顶层设计破解"新二元结构"问题，加快户籍制度改革促进流动人口身份转换；通过加强制度建设完善流动人口服务管理，以公共服务均等化促进流动人口融入城市。

基于以上分析，本书提出了新型城镇化进程中促进新生代农业转移人口城市融入的对策建议：改革土地制度，维护新生代农业转移人口农地权益；改善就业环境，促进新生代农业转移人口在城市稳定就业；推进公共服务均等化，保障新生代农业转移人口城市生活；优化城市发展战略，加速新生代农业转移人口城市融入进程；增强城市包容能力，推进新生代农业转移人口城市融合。

陈　晨

2023 年 4 月

Preface

This article is a revised book based on the doctoral thesis, and its publication is possible thanks to the support of the School of Marxism of Hubei University. I chose this research direction because I felt the contribution and sacrifice of Chinese farmers and agricultural migrants to national development in the process of searching for data. China's modernization is the modernization of a huge population, is the common prosperity of all the people of the modernization, which should and must include the rural population who have realized the transformation from the countryside to the city. The process of realizing the Chinese style of modernization includes their hard work, and the fruits of the Chinese style of modernization should also be shared by them.

The migrant agricultural population is living with reform, walking with the country and resonating with The Times. After the founding of New China, under the highly centralized planned economy system thinking, China formed a household registration system to restrict the free movement of population, and urbanization was nearly stagnant. After the reform and opening up, with the rapid recovery of the economy, China has solved the problem of food and clothing for the whole people and guaranteed the right to subsistence of the whole people, including farmers. With the improvement of productivity and agricultural labor productivity, a large number of agricultural surplus population appears in rural areas, and farmers' strong desire for development cannot be effectively satisfied in rural areas. With the establishment of the market economic system, labor-intensive enterprises in urban areas demand for a large number of cheap labor, which provides farmers with the possibility to obtain more income and development opportunities. Under the combined action of urban pull and rural push, through the spontaneous adjustment of the "invisible hand" of the market, and driven by the economic rationality of farmers themselves, the rural-urban flow of agricultural surplus labor force voluntarily appeared on the land of China. The concept of respecting people's initiative gives farmers room to break the door of cities, the policy of reform and opening up gives farmers the opportunity to live and develop in cities, cities usher in unprecedented development opportunities in the wave of international industrial transfer, and the agricultural migrant population is also looking for a good opportunity to change their fate in the mass migration with their feet. The strategic opportunity of national upsurge and the strong desire of farmers for development have produced catalytic reaction, which benefits from the rapid development of urbanization in China. Meanwhile, urbanization has further promoted the transformation of a large number of rural population from agriculture to industry and service industry.

For more than 40 years since the reform and opening up, the large-scale, trans-regional and multi-level social mobility of labor force in China has provided abundant human resources for economic and social development and urban construction, most of which are agricultural migrants. According to the Monitoring Survey Report of Migrant Workers in 2021, the total number of migrant workers in China has reached 292.51 million in 2021. Nearly 300 million migrant workers are moving from rural areas to urban areas and shifting from agriculture to industry and service industries. They have become an important driver of the rapid development of urbanization, playing a significant role in the emergence of "China Miracle" and the birth of "China Model", as well as bringing about rapid changes in cities. The city is the result of production modernization, and the agglomeration effect and siphon effect make high-quality resources continuously concentrate in the city. At present, no matter from the perspective of living and supporting services, the city is more suitable for human habitation and comprehensive development of human settlement form. As urban builders, most of the migrant agricultural population hope that cities can enter, live and stay out of their yearning for a better life. However, most of the migrant agricultural population cannot enjoy the same rights and obligations as urban residents, and their right to development at a higher level cannot be satisfied.

In the process of economic and social transition, in the process of explosive industrialization brought by reform and opening up, the urbanization process of our country has long been behind the industrialization process. In the system design of urban-rural dualization formed before reform and opening up, there are still some institutional and mechanism barriers preventing social mobility. For example, the household registration system formed in the planned economy era and the employing system lag behind the practical needs of human urbanization in the new era, which has led to the development of urbanization and the after-effects of the system design have become increasingly prominent. The identity discrimination, status differences and integration difficulties of the migrant workers into the city have hindered the process of urbanization. The division of the dual labor market causes economic inequality, which is accompanied by the lack of political equal rights. The gap based on institutional segregation has solidified the superiority of cities and the social exclusion of the migrant agricultural population to a certain extent over time, and finally formed a serious "social lag" between the migrant agricultural population and urban citizens. "Migrant workers" without urban household registration have become de facto "second-class citizens" in the city, and it is difficult to integrate into the city. The urban-rural dual structure does not disappear with the smooth flow channel of the migrant agricultural population, but develops into the urban dual structure, which still hinders the quality improvement of the citizenization of the migrant agricultural population. In the new era, driven by the "human-centered" urbanization development concept, the citizenization of the migrant agricultural population has made new achievements. For example, the reform of the household registration system has been deepened, the restrictions on household registration have been partially cancelled or relaxed, the policy of integrating household registration has been improved, the equalization of basic public services has been promoted, and the rights of permanent residents to enjoy the same basic public services as the registered population have been ensured. This is not only an important measure to follow the law of population mobility, promote free movement of people and realize all-round human development, but also a powerful measure to promote the shared and inclusive development of a new type of urbanization and achieve joint contribution, shared benefits and governance by all. People's aspiration for a better life is the goal of the Party and the state. For the new type of urbanization, we should also pay more attention to putting people first, inclusive development, joint contribution and shared benefits, equal opportunities and equal rights. People-oriented, inclusive and shared urbanization requires that we continue to pay attention to the coverage of public services, improve the allocation of public services, and on this basis gradually improve the weak links in people's livelihood, respect individual needs for survival and development, promote equal access to basic public services, improve urban governance structure, and realize equitable distribution of resources and wealth. To ensure that the elderly are well nourished, the young are well nourished, the students are well educated, the residents are well housed, and the sick are well treated, so as to enhance the sense of identity and belonging of various subjects to the city, and improve the happiness index of all people. Finally, when the time is ripe, it will completely realize the transformation of the agricultural population from farmers to citizens and complete the urbanization of China.

Therefore, under the guidance of Marxism, this paper takes Marxist urban development theory and urban-rural integration theory as the theoretical basis for the urban integration of the new generation of agricultural migrants in the process of new urbanization. This paper analyzes the theoretical sources of the urban integration of the new generation of agricultural migrant population, analyzes the process of urbanization construction in China under two different systems before and after the reform and the process of the urban integration of peasant migration or agricultural migrant population in this process, and briefly comments on the achievements and problems of the urban integration of agricultural migrant population in China. Then, the paper analyzes the current situation and predicament of urban integration of the new generation of agricultural migrant population in the new urbanization, and discusses the countermeasures of urban integration of the new generation of agricultural migrant population in the process of China's new urbanization on the basis of summarizing the experience of typical cities.

In the age of Marx and Engels, the capitalist world had begun to enter the era of rapid industrialization and urbanization. The founders of Marxism keenly noticed this phenomenon, and carried out systematic research and interpretation. Marx found the disadvantages of urban development and pointed out the inevitability of the confrontation between urban and rural areas and the elimination of the difference between urban and rural areas. To eliminate the confrontation between urban and rural areas, industrial modernization is needed to promote the realization of urban modernization, and then gradually expand to the countryside, and transform the agricultural production mode, living habits and thinking mode. It has important guiding significance for Chinese new urbanization and city integration. Rural surplus labor transfer theory and population migration theory are also of great significance for urbanization and urban integration.

Since the founding of New China, the development of China's urbanization and the transfer of rural surplus labor force has experienced a very tortuous development process, but the overall trend of continuous development. Before the reform and opening up, urbanization construction and the transfer of rural surplus labor force are divided into four stages. The period from the founding of New China to 1957 was the period of increasing urban scale and free transfer of farmers; the period from 1958 to 1960 was the period of false urbanization and rapid transfer of farmers; the period from 1961 to 1965 was the period of reverse urbanization and rural population return; and the period from 1966 to 1978 was the period of stagnation of urbanization and rural labor force transfer. Since the reform and opening up, China's economic development has been on the right track, and urbanization and urban integration have entered a stage of sustained and rapid development. there are four stages. From 1978 to 1992, the development policy of small towns and the integration of urban agricultural population transfer into the tortuous development stage; From 1992 to 2002, the rapid development of urbanization and the large-scale trans-regional transfer of agricultural migrant population; From 2002 to 2012, it was a stage of urbanization that coordinated urban and rural development and the integration of cities with rural migrant population into the stable development. From 2012 to now, it was a stage of new urbanization with people as the core and promoting the integration of cities with rural migrant population. China s rural migrant population has been integrated into cities to realize the rural-urban migration of more than 300 million people, and the citizenization of the rural migrant population has made brilliant achievements, reversing the development concept of citizenization, lowering the threshold of urban hukou, significantly improving the level of urban public services, and steadily advancing the incentive and compensation measures for hukou. However, there is also the asymmetry between the city size and the population absorption capacity, the formation of a new dual structure of the city, and the problem that the semi-urbanization model cannot be sustained.

The new generation of migrant agricultural population emerged in China in the mid-1980s. After more than 40 years, the new generation of migrant agricultural population has become the main body of Chinese workers. Their human capital quality is generally high, and their migration motivation has changed to rational development. However, the urban integration level of the new generation of agricultural migrant population is in a state of semi-integration. This paper analyzes the urban employment, labor relations, urban living, urban residence and political participation of the new generation of migrant agricultural population, and analyzes the opportunities to promote the urban integration of the new generation of migrant agricultural population under the new urbanization, which focuses on promoting the transformation and development of population urbanization. New urbanization will accelerate the integration of the new generation of agricultural population into cities; The focus of new urbanization is to reform the urban-rural dual household registration system; New urbanization can effectively improve the employment level of the new generation of agricultural migrants. And the challenges of building an identity, promoting careers, securing Labour rights and providing equal access to public services.

For the practical exploration of urban integration of the New generation of agricultural migrant population, we need to study the formulation and implementation of some representative local governments' policies on urban integration of the new generation of agricultural migrant population. According to the classification of east, middle and western regions, this study selected two first-tier eastern cities, Beijing and Shanghai, two central provincial capitals, Zhengzhou and Wuhan, and two western cities, Chongqing and Xi'an. Compare their advanced experience in promoting the urban integration of the new generation of agricultural migrants. Beijing and Shanghai, with developed economy and abundant employment opportunities, are the main inflow places of the new generation of agricultural migrants. The urban integration policies implemented in these two places have a strong demonstration role. Henan Province, where Zhengzhou is located, is a large agricultural province with the largest number of farmers in China. Wuhan is an important city in central China with convenient transportation. The integration policy of the new generation of agricultural migrant population in Zhengzhou and Wuhan has strong reference significance. Chongqing and Xi'an in the west, which "combine large cities with large rural areas", are the key areas to absorb the new generation of agricultural migrants. On the basis of the analysis of these several typical cities, the author obtains the experience and enlightenment of promoting the integration of the new generation of migrant agricultural population into the city: solve the problem of "new dual structure" by strengthening the top-level design; Accelerate the reform of household registration system to promote the transformation of floating population status; Improve the service management of floating population by strengthening the system construction; We will promote the integration of the floating population into cities through equal access to public services.

Based on the above analysis, this paper puts forward countermeasures and suggestions to promote the integration of the new generation of agricultural migrant population into cities in the process of new urbanization: Reform the land system, safeguard the rights and interests of the new generation of agricultural migrants, improve the employment environment, promote stable employment of the new generation of agricultural migrants in cities, promote equal access to public services, guarantee the urban life of the new generation of agricultural migrants, optimize urban development strategies, accelerate the process of urban integration of the new generation of agricultural migrants, and strengthen urban inclusiveness. We will promote urban integration of the new generation of rural migrants.

目　　录

第一章　绪论···001

　　第一节　研究背景和意义···001

　　第二节　国内外研究综述···006

　　第三节　研究思路和方法···020

　　第四节　研究重点和难点···021

　　第五节　相关概念界定···023

第二章　新生代农业转移人口城市融入的理论来源·······················035

　　第一节　马克思主义创始人的城乡理论·····························035

　　第二节　经济学相关理论···039

第三章　城镇化进程中农业转移人口城市融入的历史演进及经验···········045

　　第一节　城镇化进程中农业转移人口城市融入的历史演进···········045

　　第二节　城镇化进程中农业转移人口城市融入取得的成就···········060

　　第三节　新型城镇化进程中农业转移人口城市融入出现的问题·······065

第四章　新型城镇化进程中新生代农业转移人口城市融入的现实境遇

　　···069

　　第一节　新生代农业转移人口的特点·······························069

　　第二节　新生代农业转移人口城市融入的现状·····················074

第三节 新型城镇化进程中推进新生代农业转移人口城市融入的机遇

······093

第四节 新型城镇化进程中推进新生代农业转移人口城市融入的挑战

······098

第五章 典型城市对新生代农业转移人口城市融入的实践探索及经验

······115

第一节 北京上海对新生代农业转移人口城市融入的实践探索······115

第二节 郑州武汉对新生代农业转移人口城市融入的实践探索······125

第三节 重庆西安对新生代农业转移人口城市融入的实践探索

······132

第四节 典型城市推进新生代农业转移人口城市融入的经验······139

第六章 新型城镇化进程中促进新生代农业转移人口融入城市的对策建议

······147

第一节 改革土地制度，维护新生代农业转移人口农地权益······147

第二节 改善就业环境，促进新生代农业转移人口在城市稳定就业······154

第三节 推进公共服务均等化，保障新生代农业转移人口城市生活······165

第四节 优化城市发展战略，加速新生代农业转移人口融入城市进程

······175

第五节 增强城市包容能力，推进新生代农业转移人口城市融合······178

参考文献······187

第一章 绪论

第一节 研究背景和意义

一、研究背景

加快农业转移人口城市融入是"十四五"时期的重要任务和目标。党的二十大和十九届五中全会都提出，到 2035 年要基本实现新型城镇化，新型城镇化的核心是以人为本，是要解决农业转移人口在城市安居乐业的问题。根据目标测算，2035 年之前我国要解决 4 亿到 5 亿农业转移人口城市融入的问题，2025 年之前我国要解决 1 亿到 1.5 亿农业转移人口城市融入的问题，任务艰巨。农业转移人口城市融入涉及深层次的社会改革和制度调整，面临着巨大的现实阻力，而政策是促进农业转移人口城市融入的重要推进器。因此，按时实现农业转移人口城市融入的目标，需要党和政府全面部署、统筹规划，不断优化政策体系，革除体制机制弊端和利益结构阻力，有步骤、有层次、有计划地推进农业转移人口城市融入，才能确保阶段性目标顺利完成。

农业转移人口的出现是改革开放之后转型期的中国政策松动的产物。改革开放初期，我国推进农业转移人口城市融入的政策逻辑侧重于促进经济发展取向。在这种发展逻辑和制度设置下，我国城镇化进程长期滞后于工业化进程。行政体制改革落后于经济体制改革，虽然创造了举世瞩目的"中国奇迹"，但是也延缓了农村居民向城市居民转化的进程。他们在身份认证上属于农民群体，但是在职业工种上又具备工人属性。在中国的现代化进程中，农业转移人口群体为城市的发展提供了劳动大军，为"基建狂魔"的崛起注入了中国力量，为国家的繁荣贡献了人口红利，我国第一个百年目标的顺利实现，处处凝结着农业转移人口的智慧和汗水。农业转移人口在创造经济发展奇迹的同时，也面临着与旧体制、旧机制的抗争和博弈。而中国共产党在综合农业转移人口的诉求、城市社会的承载力、经济社会发展水平之后，及时调整相关政策，政策的力度又决定了改革的深度和农业转移人口城市融入的程度。

因此，在不同时期，根据经济社会发展阶段的不同，中国共产党推动农业转移人口城市融入的政策逻辑也不同。从促进经济发展的角度支持农业转移人口流动，到把农业转移人口作为城市管理隐患，又随着社会进步开始从宏观上设计农业转移人口政策，政策逻辑也从管理转向提供服务，保障农业转移人口权益，提高农业转移人口待遇。党的十八大以来，在"以人民为中心"的发展理念指导下，我国提出了建设以人为核心的新型城镇化战略，以满足农业转移人口日益增长的美好生活需求为导向，政策逻辑也转变为加快农业转移人口城市融入进程，深化户籍制度改革，完善财政转移支付政策，强化基本公共服务保障。党的十九大和十九届五中、六中全会切实提出了实现全体人民共同富裕的目标，也强调了推进农业转移人口城市融入。"十四五"时期直到2050年，农业转移人口城市融入的目标有了更高的要求，要在追求共同富裕的政策逻辑下，有步骤、有层次、有计划地加快推进农业转移人口城市融入。在此过程中，全面部署、统筹规划，不断优化政策体系，进行更深层次的社会改革和制度调整，革除体制机制弊端和利益结构阻力，打破城市二元化新壁垒，推进公共服务均等化，提升人力资本水平，带领推动农业转移人口共享发展成果，实现以家庭为核心的城镇化，让农业转移人口家庭在城市安居乐业，跻身中等收入家庭行列，才是终结农业转移人口身份、推进新型城镇化、实现共同富裕的题中应有之义。

二、研究意义

1.理论意义

（1）丰富我国社会主义转型期发展理论。

与西方城市化的进程不同，我国城镇化过程具有强烈的中国特色。西方的城市化过程是"由农民到市民"一步到位，而中国农民由乡到城的转变产生于中国从计划经济到社会主义市场经济的转轨，从农业的传统社会向城镇的现代社会转型的过程中。由于制度分隔等原因，农业转移人口城市融入在我国分成了先实现由乡到城的地域转变，再完成由农民到市民的身份转变两个过程，产生了农业转移人口城市融入的问题。由于我国的路径和西方不同，因此西方理论无法有效解释中国的城市融入，不能运用西方理论有效解决我国农业转移人口城市融入过程中出现的问题，需要建立具有我国特色的理论体系。研究我国现阶段农业转移人口中以新生代农业转移人口为主体的城市融入问题，有利于丰富我国社会主义转型期的发展理论，反映出不同于西方的中国式现代化和城镇化过程的特征。

（2）丰富农业转移人口问题的研究理论。

近年来，很多学者关注农村转移劳动力问题，国内外对于该问题已经有很多研究，但是对新生代农业转移人口城市融入的研究还有待进一步深入。现阶段农业转移人口已经成为我国社会一个人数众多的阶层，是我国社会主义建设的主力军，新生代农业转移人口城市融入的实现对我国经济社会全方位的发展有着重大影响。因此，要对以往新生代农业转移人口城市融入过程中的经验教训进行总结，加深对新生代农业转移人口群体的了解，使新生代农业转移人口问题的学术理论丰富而坚实，为继续推进新型城镇化进程中新生代农业转移人口城市融入提供理论支持。

2. 现实意义

（1）提高城镇化质量，推动新型城镇化发展。

城镇化的发展是经济发展重要内涵和结果，城镇化要成为推动经济社会转型的强大动力，并不只是城镇化率的简单提升，关键在于城镇化的质量。体制机制的各种限制，催生了一系列与农业转移人口有关的问题，这些问题成为推进新型城镇化建设过程中不容忽视并亟待解决的问题。目前新生代农业转移人口已经成为我国工人的主体，是我国宝贵的人力资源，为我国城市建设和经济繁荣做出了重要贡献。与老一代农业转移人口相比，他们对融入城市有着强烈的愿望。长期以来，我国城镇化之所以出现种种问题，就是因为在建设中突出农业转移人口的劳动力特质，忽视了其对生活和发展的期盼，以致城镇化规模越来越大，农业转移人口问题也越来越严重。为此，中央针对城镇化中存在的问题提出了新型城镇化战略。新型城镇化战略的核心是以人为本，即合理有序地推动农业转移人口城市融入。将具有强烈的城市融入意愿和需求的新生代农业转移人口融入城市，使新生代农业转移人口实现从农民到市民的身份转换，是提高城镇化质量、推动新型城镇化发展的题中应有之义和核心所在。

（2）推进经济结构调整和产业转型升级。

新生代农业转移人口是我国经济发展的主力军，他们流动性强，缺乏职业技能，缺少生活保障，居无定所。这些特征虽然曾经在劳动密集型产业支撑中国经济发展的时代构成中国制造的低成本竞争优势，但是在转变发展动力的阶段，这些却日益成为我国产业升级和结构优化的瓶颈。新生代农业转移人口技能水平低和不稳定就业的特性使得我国经济结构调整缺乏强大的人力资源基础，难以通过提高劳动者素质推动"中国制造"向"中国创造"转变。推进我国经济结构调整，加快发展战略性新兴产业，使我国产业发展不断向国际分工链的上游靠拢，需要打造一支稳定熟练的工人队伍。然而我国经济发展长久以来伴随着对农业转移人口的歧视，导致农业转移人口收入水平和社会保障覆盖面长期以来一直处于低位。农业转移人口群体长期处于社会底层，限制了消费能力和消费预期，不利于稳定熟练工人队伍的形成，不利于开拓国内消费市场。改变我国经济增长的拉动力量，由出口和投资依赖型转变为消费拉动型，唯有增加低收入阶层，特别是新生代农业转移人口的收入。新生代农业转移人口在城市稳定就业、安家定居的过程中，带来新生代农业转移人口随着经济实力增长而提高的消费需求，城镇发展扩张带来的基础设施建设的投资需求。而且劳动者素质的提高和就业机会的增加，会形成劳动收入增长—消费需求扩大—产业结构调整—劳动收入增长之间的良性循环。因此，推动经济结构调整，需要以城市融入作为着力点，促进消费需求增长，引导投资向民生领域倾斜，提升制造业核心竞争力，为我国经济持续健康稳定发展注入持久动力。

（3）推进市场化改革的不断深入。

改革开放以来，随着工业化和市场化的深入发展，限制劳动力要素流动的城乡壁垒被打破，大量农民从农村涌入城市，进入工厂从事非农产业，职业身份从农民转变为工人。但是由于城乡二元体制的阻隔，农民很难使户籍身份同步转变为城市居民，因此在我国社会中形成了户籍身份为农民，职业身份却是工人的第三类群体——农业转移人口。农业转移人口虽然工作、居住、生活在城市，但是生活习惯、消费水平、居住空间和交往范围与城市居民存在显著差异。城乡人口流动不仅没有打破我国社会固有的城乡二元结构，反而在城市内部形成了新的二元结构，从而加剧了城乡居民的心理对抗，激化了社会矛盾，引发了社会冲突。老一代农业转移人口较为安于现状，加之农业转移人口融入城市是一个长期的艰难过程，因此许多农业转移人口把希望寄托在下一代的身上。新生代农业转移人口权利平等的意识比较强，融入城市的期望较高，因此需要以新生代农业转移人口为重点，推进市场化改革的不断深入，解除新生代农业转移人口城市融入的制度阻碍，增强新生代农业转移人口对城市生活的融入感，缓解城市融入过程中身份转换产生的摩擦和社会矛盾，推动二元经济结构向现代社会经济结构顺利转变。

（4）创新社会管理的迫切需要。

新生代农业转移人口工作、居住、生活在城市，管理和服务在户籍归属地的农村，所在地和归属地分离使得新生代农业转移人口的管理和服务处于真空带。在经济发达的东部地区，由于新生代农业转移人口流入较多，多数地区外来人口已经超过本地居民的半数以上。农业转移人口在城市的数量虽然很多，但是没有被完全纳入城市公共服务体系，难以融入城市社会。随着人口代际更替，老一代农业转移人口年迈回流。随着城镇化和工业化的发展，城市中新生代农业转移人口的比重将持续增加，他们实现利益诉求和保障合法权益的愿望比上一辈人更强烈。如果不能创新社会管理体制，提供表达诉求的合理渠道，就会使劳动关系矛盾多发。这一状况对社会治理产生了极大的挑战，提出了更高的要求。二十大报告提出："完善社会治理体系。健全共建共治共享的社会治理制度，提升社会治理效能。""加快推进市域社会治理现代化，提高市域社会治理能力。"[①]因此推进新生代农业转移人口城市融入需要完善城市社区的管理和服务功能，构建综合管理服务平台，保证新生代农业转移人口参与社区管理活动，切实解决关系到新生代农业转移人口切身利益的问题，充分发挥社区和谐共建的机能，促使新生代农业转移人口融入城市。

第二节　国内外研究综述

关于新生代农业转移人口城市融入的研究已不是一个新课题，国内和国外城市融入的路径各有不同，情况差别较大，对于城市融入的研究都已有丰硕成果。笔者对国内外研究城市融入的相关文献进行查阅和研读，从国内和国外两方面着手对新生代农业转移人口城市融入进行研究综述。

一、国外学者对农民城市融入的相关研究综述

城镇化是走向现代化的必经阶段，纵观西方发达国家的发展历程，在由农业社会、传统社会向工业化、现代化转型的过程中，无不经历了农村剩余劳动力向工业和城市转移的过程。这是经济发展的普遍规律，也是人类社会进步的客观趋势。对于发展中国家来说，这是由二元经济社会转变为一元经济社会必然经历的阶段。但是我国由于情况特殊，在城镇化进程中，由城乡二元体制催生出了具有中国特色的产物——农业转移人口，发展经济学中很多研究对发展中国家劳动力城乡转移的动机、行为、阶段、影响进行了系统的分析。西班牙工程师赛达于 1867 年在《城市化基本原理》一书中首次使用了"城市化"这一概念，自此开启了西方长达百余年的对于城市化的研究热潮。但是国外的城市融入过程是农村居民随着城市化的进程，自发、自觉、自然地转化为城市居民，因此国外没有类似农业转移人口的概念，也没有专门的研究。但是发展经济学

---

①　习近平 . 高举中国特色社会主义伟大旗帜　为全面建设社会主义现代化国家而团结奋斗：在中国共产党第二十次全国代表大会上的报告 [M]. 北京：人民出版社，2022：54.

中有对发展中国家城乡人口转移的研究,其对农业转移人口转移动机、行为选择、阶段特点进行了系统的分析和研究。研究这些理论对了解我国新生代农业转移人口的行为动因和流动规律、指导我国新生代农业转移人口城市融入实践具有重要借鉴意义。

1.对现代化历程与农民城市融入关系的研究

马克思认为,从现代化发达国家的发展历程中不难得出这样的结论,现代化的过程就是农民转化为市民,同时乡村转变为城市的历史。他认为,在资本主义社会,资本主义的发展使得城市迅速扩张,城市面积扩大,人口激增,也使很大一部分农民脱离了农村的生活方式。马克思在 1858 年所写的《政治经济学批判导言》中认为, "现代的历史是乡村城市化,而不像在古代那样,是城市乡村化", [1]此后 150 多年人类发展的历史证实了马克思论断的科学性。

现代化使人类社会从农业社会发展到工业社会,在此过程中必然引起社会结构变迁、人口流动、社会成员职业结构变化以及生活方式的改变,从而引起农民向城市的迁徙、职业的改变和农民城市融入。梅因以"从身份到契约"的现代化进程角度研究城市融入,在农耕社会中,个体之间以血缘、亲缘等身份进行联结,而在现代社会中,个人之间通过契约关系,即对社会的贡献值决定社会地位。

艾森斯塔德认为,现代化的过程会同时打破乡村和城市地区旧的社会关系与社会运行方式。因此,都市化的持续进行,即人们从乡间移居城市的过程,不仅经常在瓦解农村地区,而且破坏了旧的都市环境,尤其是在初级阶段锻造成了大量的社会解体和全然悲惨的现象。[2]

2.对社会发展与农民城市融入理论的研究

国外一些学者对社会发展进程与进城农民的境遇之间的关系进行了研究。

---

① 马克思恩格斯全集:第 46 卷　上册 [M].北京:人民出版社,1979:480.

② 艾森斯塔德.现代化:抗拒与变迁 [M].张旅平,译.北京:中国人民大学出版社,1988:23.

帕克从文化的视角出发，对外国移民进入城市后，在与当地市民同化的过程中保持自己原本的文化特色的问题进行了论述。[①] 史蒂文·瓦戈进一步从文化的涵化角度来说明，文化的长期融合，使得一种文化兼有另一种文化的物质和非物质属性。涵化既可以是自愿的，也可能是非自愿的。前者是指群体甲顺从地接受了群体乙的属性、特点、习俗和价值观。非自愿的涵化看上去则要更加广泛。在涵化的现代化中，商人、移民、学生、部族中受过教育的人的作用举足轻重。[②]

伊斯顿认为，在有着浓厚的传统意识的国度里，受教育相对较少的农民至城市里的工人，只知道排斥政治的权力，他们惯于把普遍的传统生活原则视为正统。他们在任何环境下把大部分的能量只是用于肉体生命的延续，只要不受外界的干扰也就心满意足了。[③] 在帕森斯看来，社会生产所包含的土地、劳动、资本和组织。诸要素中，最易流动的要素是经济意义上的劳动和资本。[④]

刘易斯认为，在现代化进程中，由于生产技术的进步，传统的农业部门吸纳劳动力的能力减弱，因此会成为"劳动力蓄水池"，在刘易斯拐点到来之前，能够为工业部门提供似乎无限的廉价的劳动力。[⑤] 在路易斯·沃斯等学者看来，现代化和农民城市融入使得城市居民的潜在差异性日益显现，同时由于居住地点和工作地点的分离，导致不同群体的分化越来越大。因此，城市也就变成一幅"社会生活的镶嵌面"。[⑥] 由于高度的异质性，城市中已经不存在共同的价值标准，财富越来越成为衡量一切的标准。城市发展成为一个各种族群体、经

---

① PARK R. MILLER H A. Old World Traits Transplanted [M]. New York: Arno Press and the New York Times,1969.

② 史蒂文·瓦戈. 社会变迁 [M]. 王晓黎，译. 北京：北京大学出版社，2007：74–75，82.

③ 戴维·伊斯顿. 政治生活的系统分析 [M]. 王浦劬，译. 北京：华夏出版社，1999：128.

④ T·帕森斯. 现代社会的结构与过程 [M]. 梁向阳，译. 北京：光明日报出版社，1988：21.

⑤ APTHUR LEWIS W. Economic Development with Unlimited Supplies of Labor[J]. The Manchester School, 1954，22(2): 139–191.

⑥ 路易斯·沃斯. 作为一种生活方式的都市生活 [M]// 杨剑龙. 阅读城市. 上海：上海三联书店，2007: 15–31.

济活动、生活方式交织在一起的"异质体"。①

3. 对农民城市融入存在的社会风险的研究

现代社会是一个风险社会，对于赶超型的后发急进现代化国家来说，社会风险系数更大。这类国家在社会转型过程中，社会改革引起的体制转换和制度变迁与社会的大流动、大分化重新组合交织在一起，容易造成剧烈的社会震荡对抗。

（1）现代化面临的社会风险研究。

社会学家对于现代化面临的社会风险研究比较多。乌尔里希·贝克认为，人类生活在文明的火山上。他指出，随着生产力的增长，人类目前已进入后工业社会，处于工业社会向风险社会过渡的阶段，但是人类的思维理念和调控模式还停留在相对陈旧的工业社会时期，无法适应变化多端的风险社会的新形势。"在现代化进程中，生产力的指数式增长，使危险和潜在的威胁的释放达到了一个我们前所未知的程度。"②虽然现代化给人类社会带来了发展和进步，"在现代化进程中，也有越来越多的破坏力量被释放出来，即便人类的想象力也为之不知所措"。③

安东尼·吉登斯也阐述了类似的观点。他主要对安全与危险、信任与风险等进行了研究。他的研究借鉴了卢曼的观点，卢曼认为，信任应该主要被理解为与风险有关的产生于现代的概念。随着现代社会的发展，风险有必要与危险分离。由于风险概念的产生是近期才出现的，把风险从危险中分离出来的可能性必然源于现代社会性之特征。④

亨廷顿认为，处在现代化过程中的社会，经历着体制转轨，在新旧体制碰撞之下，整个社会必然面临着剧烈的变动，会引发各种社会矛盾，往往充斥着

---

① 史蒂文·瓦戈. 社会变迁 [M]. 王晓黎，译. 北京：北京大学出版社，2007：86—87.

② 乌尔里希·贝克. 风险社会 [M]. 何博闻，译. 南京：译林出版社，2004：15.

③ 乌尔里希·贝克. 风险社会 [M]. 何博闻，译. 南京：译林出版社，2003：17.

④ 安东尼·吉登斯. 现代性的后果 [M]. 田禾，译. 南京：译林出版社，2000：27—28.

激烈的社会冲突和震荡。[①]

（2）社会剥夺与蔑视使农民城市融入面临风险。

纽曼和佐萨认为，"大革命以后最突出的社会问题是不和谐、不稳定，在政界和商界突然冒出许多新面孔""只能把权力交给那些值得尊敬的和有道德的人来掌管"。用比较恰当的说法是"用有道德的人去对付不守规矩的人"。[②]作为弱势群体，农业转移人口也面临着社会制度层面的剥夺与蔑视，这是农业转移人口城市融入面临的主要难题。化解社会风险，在农业转移人口城市融入进程中弱化社会剥夺和蔑视，同样需要通过有道德的人来主导和治理。

4. 城市化与人口流动的探讨

国外对于城市化与人口流动的探讨主要集中在人口城市化、区域经济学、和发展经济学三个理论层面。

人口城市化理论的研究视角主要集中于人口和城市化的关系，认为城市化即人口城市化，城市的发展和城市化水平的提升源于人口向城市的集聚引起的人口增长。区域经济学认为，城市扩张和人口增长取决于其所处区位。人口在地理空间上的流动和再分布受工业区位选择的影响，而城市化来源于劳动力和厂商的区位选择和集聚，当边际收益超过边际成本时，人口城市化将得到持续发展。发展经济学产生了"三部门二元经济模型"，农业生产率和农业现代化水平的提高，导致了农村剩余劳动力的产生，而农村剩余劳动力从农业部门转出，首先进入劳动力密集使用、简单技术小规模生产的传统部门，即非正规部门，或者在正规部门从事非正规就业。

二、国内学者对新生代农业转移人口城市融入的研究综述

我国户籍人口城镇化率滞后于常住人口城镇化率，"半城镇化"现象严重，

---

① 亨廷顿. 变化社会中的政治秩序 [M]. 王冠华等，译. 上海：上海人民出版社，2014.

② 奥托·纽曼，理查德·德·佐萨. 信息时代的美国梦 [M]. 凯万，纪元，闫鲜平，译. 北京：社会科学文献出版社，2002：12.

3亿多农业转移人口实现了地域和职业的转变，完成了"农村剩余劳动力非农化"的过程，却迟迟无法打破城市中有形和无形的"户籍墙"，完成"农业人口城市化"的身份转变。新型城镇化的关键是完成农业转移人口的身份转变，实现彻底的城镇化。目前随着我国代际更替的完成，20世纪90年代从农村流出的第一代农业转移人口随着老龄化逐渐退出历史舞台，新生代农业转移人口成为农业转移人口的主体。因此新生代农业转移人口是我国现阶段促进农业转移人口城市融入的目标群体，促进新生代农业转移人口在城市安居乐业是我国新型城镇化的核心要义和最终旨归。研究内容主要分为以下几个方面。

1. 新生代农业转移人口的群体特征研究

研究新生代农业转移人口城市融入，首先要研究新生代农业转移人口的群体特征和主要需求，制定政策才能对症下药。新生代农业转移人口出生于改革开放之后，长于经济快速发展之时，他们的成长背景和家庭环境与第一代农业转移人口相比具有显著差异。因此新生代农业转移人口与第一代农业转移人口已经不再是高度同质化的群体，具有鲜明的群体特征。

（1）新生代农业转移人口具有四大特征：时代性、发展性、双重性和边缘性。全国总工会新生代农工课题组认为，不同的时代特征造成了新生代农业转移人口的"六个转变"：外出就业动机从"改善生活"向"体验生活、追求梦想"转变；对劳动权益的诉求，从单纯要求实现基本劳动权益向追求体面劳动和发展机会转变；对职业角色的认同由农民向工人转变，对职业发展的定位由亦工亦农向非农就业转变；对务工城市的心态，从过客心理向期盼在务工地长期稳定生活转变；维权意识日益增强，维权方式由被动表达向积极主张转变；对外出生活的追求，从忽略向期盼精神、情感生活需求得到更好的满足转变。[①]

（2）新生代农业转移人口城市定居愿望较强，但城市归属感较差。张旭晨认为，文化水平有大幅度提高，有利于城市融入；收入水平较低，不利于新生

---

① 全国总工会新生代农民工课题组. 关于新生代农民工问题的研究报告 [N]. 工人日报，2010-06-21（1）.

代农业转移人口的社会融入，社会交往呈现同质性、表层性，但积极融入趋势较为明显；劳动就业状况在低端水平的基础上改善明显，但职业培训状况堪忧。最后得出新生代农业转移人口城市融入道路曲折的结论。①

（3）从代际差异的角度看，新生代农业转移人口具有显著的群体的特征。刘传江认为，第二代农业转移人口（新生代农业转移人口）与第一代农业转移人口的差异体现在六方面：成长环境、个人特征、就业情况、与家乡的联系、城市适应性、流动模式。②

（4）吴漾认为，新生代农业转移人口的特点包括：文化程度相对较高、消费观念更加开放、生活目标明显转移、生活方式差别显著、维权意识不断增强。③

（5）李建华、郭青认为，新生代农业转移人口思想活跃，具有公平意识、公民意识，勤俭意识淡化，消费观念较为现代，更加注重交往，更加注重自身学习和子女教育。④

2. 新生代农业转移人口城市融入概念与内涵研究

新生代农业转移人口转化为市民，既是我国新型城镇化建设的需要，又是工业 4.0 建设有效推进的必然趋势。近几年来，国内的许多学者对新生代农业转移人口城市融入的概念和内涵进入了深入研究。主要有以下几个方面。

（1）从城市融入内涵的角度定义。

就"农业转移人口城市融入"的内涵而言，应包括生存职业、社会身份、自身素质以及行为意识四个层面的含义。刘传江等认为，这四个层面包括农业转移人口职业由非正规就业的农业转移人口转变成正规就业的非农产业工人，

---

① 张旭晨.新生代农民工特征及社会融入政策研究——以甘肃省为例 [J]. 西北师大学报（社会科学版），2013，50（3）：98–103.

② 刘传江.新生代农民工的特点、挑战与市民化 [J]. 人口研究，2010，34（2）：34–39，55–56.

③ 吴漾.论新生代农民工的特点 [J]. 东岳论丛，2009，30（8）：57–59.

④ 李建华，郭青.新生代农民工特点分析与政策建议 [J]. 农业经济问题，2011，32（3）：42–45.

社会身份由农民转变成市民，农业转移人口自身素质提高，其意识形态、生活方式和行为方式的城市化。①

（2）从社会融入的角度定义。

新生代农业转移人口在城市社会要面临经济风险、社会制度风险，因此社会融入的过程也是风险克服的过程。王慧博认为，新生代农业转移人口城市融入，是指新生代农业转移人口能够克服经济融入风险，在城市有立足的经济基础，能够克服社会制度融入风险，公平合理地享受市民的各种保障待遇。②

（3）从心理融入的角度定义。

新生代农业转移人口融入社会除了经济和制度风险外，还有心理融入风险。他们既有强烈的融入城市的愿望，又希望被城市市民所接纳，实现身份地位的认同。刘应君认为，农业转移人口融入城市，不但使获得市民身份的农业转移人口数量大幅增长，而且要求城市融入的质量和数量实现同步增长，也即农业转移人口数量不断积累的量变过程与农业转移人口身份从农民向市民过渡的质变过程的统一。质变指的是社会意义上的"融入"，强调的是农业转移人口在心理层面的城市融入，即对城市心理等属性的一种选择性适应。③

（4）从身份转变的角度定义。

新生代农业转移人口城市融入指的是在城镇非农产业就业的新生代农业转移人口转变为市民的过程。丁静认为，新生代农业转移人口在职业上由农业向非农产业转变，在地区上由农村向城市转变，在社会身份上由农业人口向居民转变，在个人心理上由农民向市民的角色转变，甚至在意识形态、行为方式、社会参与上改变原有的小农意识的整个过程。④

①　刘传江，程建林.第二代农民工市民化：现状分析与进度测度 [J]. 人口研究，2008（5）：48-57.

②　王慧博.新生代农民工市民化社会融入风险研究 [J]. 社会科学辑刊，2012（5）：58-64.

③　刘应君.促进新生代农民工市民化的对策探讨 [J]. 经济纵横，2012（3）：101-103.

④　丁静.中国新生代农民工市民化问题研究 [J]. 学术界，2013（1）：215-226，288.

（5）从完成社会生活城市融入的角度定义。

新生代农业转移人口城市融入，不单是空间位置的迁移过程，也不仅仅是职业身份的变化，更多的是在社会保障、劳动就业、教育、生活方式、行为方式、思想意识、人际交往及政治权利上的城市融入。刘文烈、魏学文认为，新生代农业转移人口要真正实现城市融入必须完成社会生活的城市融入，这包括在观念意识、行为方式、生活方式、生活质量、文化素质等方面的全面转化，是一个与城市有机融合的状态和结果。①

概括起来，新生代农业转移人口城市融入有着丰富的内涵，绝不是仅仅在城市落户这样简单。新生代农业转移人口城市融入不仅要实现新生代农业转移人口从农村到城市的地域转移、从农业到非农产业的职业转换，同时也要实现从农民到市民的身份的转变。

3. 新生代农业转移人口城市融入的程度研究

大量研究表明，由于受到多重因素制约，目前新生代农业转移人口城市融入程度不高，从分步城市融入、制度建设、城市融入和人力资本水平的角度来看，新生代农业转移人口呈现"半城市化"状态。

（1）从分步城市融入的角度来看。

刘文烈、魏学文认为，新生代农业转移人口城市融入目前仍然处于由职业非农化向居所城市化转变的过程中缓慢向前发展，大多数新生代农业转移人口只完成了第一步，仅仅在城市实现了职业上的转换。②

（2）从制度建设的角度来看。

张建丽、李雪铭、张力认为，目前新生代农业转移人口城市融入的相关制度环境处于阻碍阶段，城市居民对新生代农业转移人口的社会认同和接纳程度

---

① 刘文烈，魏学文. 关于新生代农民工市民化问题的思考 [J]. 东岳论丛，2010，31(12)：151–154.

② 刘文烈，魏学文. 关于新生代农民工市民化问题的思考 [J]. 东岳论丛，2010，31(12)：151–154.

较好，新生代农业转移人口自身已经具备城市融入的能力，城乡接合部和副城区（郊区）是其定居城市的最佳区域。[①]

（3）从城市融入的角度来看。

胡江认为，新生代农业转移人口大多具有城市融入的意愿，并通过关注政府政策、丰富业余生活和参与城市社区活动等方式融入城市生活。但新生代农业转移人口城市融入程度总体上并不高。[②]

（4）从人力资本水平的角度来看。

周密、张广胜、黄利认为，影响案例地区新生代农业转移人口城市融入程度的主要因素是职业阶层的回报率不同，而人力资本水平与他们的职业阶层分布具有较强的相关性。[③]

4.制约新生代农业转移人口城市融入的障碍因素研究

新生代农业转移人口融入不了城市，又退不回农村，这将使他们在生活上处于"孤岛化"的状态，他们只生活在自己的圈子和有限的空间里，在生活和社会交往上与城市居民和城市社会没有联系，不能分享日趋丰富的城市公共生活。[④]影响新生代农业转移人口城市融入的因素大致可以分为制度性障碍、经济性障碍、文化性障碍、人力资本障碍和心理性障碍。

（1）制度性障碍。

制度因素既是农业转移人口问题产生的主要因素，也是制约新生代农业转移人口城市融入的主要因素。简新华认为，户籍、劳动就业、工资福利、社会保障、土地、住房、教育等城乡有别的二元制度的缺陷制约了新生代农业转移人口城

---

① 张建丽，李雪铭，张力.新生代农民工市民化进程与空间分异研究[J].中国人口·资源与环境，2011，21(3)：82–88.

② 胡江.新生代农民工市民化的现状与对策——以重庆为例的调查研究[J].中国青年政治学院学报，2011，30(6)：123–128.

③ 周密，张广胜，黄利.新生代农民工市民化程度的测度[J].农业技术经济，2012(1)：90–98.

④ 刘应君.促进新生代农民工市民化的对策探讨[J].经济纵横，2012(3)：101–103.

市融入。① 刘文烈、魏学文认为，户籍制度、社会保障制度缺失以及就业与收入分配制度是影响新生代农业转移人口城市融入的根本性障碍。② 李景平、程燕子、汪锐认为，户籍制度及其衍生出的社会保障制度、医疗卫生制度、教育制度农村和城市两极分化，市民和农民分裂成两个相对独立群体的社会屏障。③

（2）经济性障碍。

经济基础是新生代农业转移人口在城市安居、乐业、发展的前提和保障，经济收入低下严重影响了新生代农业转移人口城市融入进程。黄佳豪认为，新生代农业转移人口大都是非正式就业，收入水平普遍较低，低收入水平与高消费、敢消费理念形成张力，导致新生代农业转移人口严重的经济困境。④ 王玉峰指出，目前绝大多数新生代农业转移人口都住在企业提供的集体宿舍中，少数租住在城乡接合部地区。新生代农业转移人口的居住状况离城市融入的目标还十分遥远。⑤

（3）文化性障碍。

中国城市社会和农村社会在长期的二元体制下形成了两种不同的文化氛围，新生代农业转移人口虽然已经和城市青年非常接近，但是依然无法摆脱乡土文化烙印，与城市居民具有不同的文化背景。江小容认为，与城市文明相碰撞的过程中，脱离农村的乡土文化根本不具备竞争优势。新生代农业转移人口在社会心理、价值观念、行为方式等方面与城市存在隔膜。⑥

---

① 简新华.新生代农民工融入城市的障碍与对策 [J].求是学刊，2011，38(1)：60–63.

② 刘文烈，魏学文.关于新生代农民工市民化问题的思考 [J].东岳论丛，2010，31(12)：151–154.

③ 李景平，程燕子，汪锐.我国新生代农民工市民化的发展路径 [J].西北人口，2012，33(4)：18–22.

④ 黄佳豪.社会排斥视角下新生代农民工市民化问题研究 [J].中国特色社会主义研究，2013(3)：77–81.

⑤ 王玉峰.新生代农民工市民化的现实困境与政策分析 [J].江淮论坛，2015(2)：132–140，155.

⑥ 江小容.新生代农民工市民化问题研究 [J].河南社会科学，2011，19(3)：100–102.

（4）人力资本障碍。

丁静认为，由于较低的人力资本存量，使得新生代农业转移人口在城镇就业过程中处于受歧视的状态，就业较难。[①] 张宏如、马继迁认为，新生代农业转移人口技能培训和职业发展指导明显不足。突出表现在职业素养严重不足，身份及地位上升通道不通畅。[②]

（5）心理性障碍。

乡土文化与城市文化相比不具备竞争性，因此新生代农业转移人口在城市倍受歧视。刘应君认为，由于新生代农业转移人口与城市居民之间存在网络隔离使其自卑心理难以自拔，直接导致在心理上难以融入城市问题凸显。[③]

5. 新生代农业转移人口城市融入的对策研究

针对新生代农业转移人口城市融入的制约因素，学界提出了大量的对策建议。概括说来，主要有以下几种途径。

（1）制度化改革。

新生代农业转移人口城市融入的制度困境破解研究既是理论难点也是城市化实践的必然应对。制度因素是造成农业转移人口问题的最根本的原因，推进新生代农业转移人口的城市融入必须加强制度建设。简新华认为，改革二元制度，逐步建立和健全城乡基本统一的一元制度，最重要的是加快社会保障制度的改革。只有让新生代农业转移人口享受和城市居民同等的社保待遇，才能使户籍制度得到有效改革。[④] 刘应君认为，通过先行先试办法建立起按居住地划分户口性质的户籍登记管理制度，实行以固定住所和稳定收入为户口申报依据城市户口政策，创新社会管理新模式，优化社会管理体制。[⑤] 张春龙认为，新生代农

① 丁静.中国新生代农民工市民化问题研究 [J]. 学术界，2013(1)：215–226, 288.

② 张宏如，马继迁.员工帮助计划促进新生代农民工市民化研究 [J]. 福建论坛（人文社会科学版），2014(2)：175–179.

③ 刘应君.促进新生代农民工市民化的对策探讨 [J]. 经济纵横，2012 (3)：101–103.

④ 简新华.新生代农民工融入城市的障碍与对策 [J]. 求是学刊，2011，38(1)：60–63.

⑤ 刘应君.促进新生代农民工市民化的对策探讨 [J]. 经济纵横，2012 (3)：101–103.

业转移人口要彻底城市融入，就必须切断与农村的依附、依赖关系这就需要启动农村退出机制。农业转移人口与农村之间最重要的就是其与土地的关系，因此，建立农村退出机制，改革土地制度是根本。[①]

（2）提高经济地位。

宋华明、汤秋芳认为，新生代农业转移人口城市融入经济资本约束问题的实质是就业问题，而建立城乡统一的劳动力市场，完善就业信息系统，是提升新生代农业转移人口生活质量的关键。首先要建立城乡统一公平竞争的劳动力机制，其次要建立健全就业信息系统，实现全国就业信息共享。[②]金晶、刘丽认为，要从宏观社会层面推进公共就业服务体系建设，搭建社会化就业信息网络平台，以提高新生代农业转移人口就业能力。[③]

（3）提升人力资本。

人力资本是指新生代农业转移人口教育水平和职业技能的综合水平，人力资本决定了新生代农业转移人口城市生存和发展能力，从而影响城市融入进程。张静认为，政府应在新生代农业转移人口的教育和培训中承担主要责任。政府应该改善劳动力技能培训机构的办学条件，进一步完善培训考核及资金监管办法，不断丰富教育内容，使新生代农业转移人口更好地融入城市生活。[④]丁静认为，应健全新生代农业转移人口技能培训体系，建立政府、企业和农业转移人口三方共同分担的人力资本提升机制。[⑤]

---

① 张春龙. 现代性与边缘化：新生代农民工特点、问题及出路探讨 [J]. 中州学刊，2011(2)：98–102.

② 宋华明，汤秋芳. 破除新生代农民工市民化"三重"约束的路径探析 [J]. 农村经济，2012(3)：109–112.

③ 金晶，刘丽. 新生代农民工城市就业能力再造的路径选择：基于江苏的调查分析 [J]. 调研世界，2015(2)：34–38.

④ 张静. 城乡统筹发展中新生代农民工市民化问题探析 [J]. 理论探讨，2012(1)：159–161.

⑤ 丁静. 提高新生代农民工市民化能力的思考 [J]. 郑州大学学报（哲学社会科学版），2014，47(3)：34–37.

（4）改善社区建设。

社区是新生代农业转移人口在城市的重要的社会关系网络，很好地融入社区可以加深新生代农业转移人口和城市居民的了解和信任，增强城市归属感。林娣认为，应该充分发挥城市社区的接纳功能，加快新生代农业转移人口的城市融入。把新生代农业转移人口纳入社区管理服务的范围，树立"同城待遇"理念，进一步完善社区民主选举制度，切实保障农业转移人口参与社区自治的权利。通过开展丰富多彩的文化娱乐活动，增强新生代农业转移人口对城市社会的认同感和归属感。[①] 周小刚认为，应该强化社区心理健康预防体系，注重新生代农业转移人口社会心理疏导。[②]

（5）促进文化融合。

于建嵘认为，在塑造文化认同方面不能一味强调新生代农业转移人口的单向度融入城市文化，而是在尊重新生代农业转移人口自身所具有的文化特色、审美倾向和娱乐习惯的基础上，构建既有别于城市文化但又不完全与传统的乡土文化相同的文化氛围。[③]

三、对相关研究的简要评价

经过四十多年的城镇化发展，目前我国广大新生代农业转移人口也已完成由城市到乡村的转移，但是在城乡二元制度的隔离下，他们由农民向市民的转变却迟迟无法完成。"化地不化人"的土地城镇化使得新生代农业转移人口一直处于"半城市化"状态。2014 年，随着以人为核心的新型城镇化概念的提出，农业转移人口城市融入被提上日程，得到了政府的充分重视，我国新生代农业转移人口城市融入进入了一个新阶段。新生代农业转移人口城市融入是一个具

---

① 林娣. 新生代农民工市民化的社会资本困境与出路 [J]. 社会科学战现，2014(6)：179–182.

② 周小刚，李丽清. 新生代农民工社会心理健康的影响因素与干预策略 [J]. 社会科学辑刊，2013(2)：74–80.

③ 于建嵘. 新生代农民工的社会诉求与社会稳定研究 [J]. 学习与探索，2014(11)：46–51.

有重大意义的现实问题，又是一个具备研究价值的理论问题。学界对新生代农业转移人口城市融入的研究已经取得了丰硕的成果，但是在广度和深度上仍然存在很大的提升空间。

1. 我国城市融入采取的是自上而下的政府顶层设计式的过程。各届政府对农业转移人口城市融入的态度和政策导向是一个随着时代变化与时俱进而又一脉相承的演变过程。了解政策变迁的过程才能更好地理解现阶段主导城市融入政策的来源，了解其是否符合新型城镇化阶段出现的新情况，以及是否还能解决新问题。但是目前我国对改革开放以来我国农业转移人口城市融入的研究，以及农村剩余劳动力的非农化的研究比较少，几近空白。

2. 我国城镇化发展已经进入新型城镇化阶段。新型城镇化本着以人为核心的发展理念，以扭转前四十年土地城镇化快于人口城镇化的"化地不化人"的现象、改变新生代农业转移人口"半城市化"的现状为目标，对新生代农业转移人口的身份转换、在城市的安居乐业有着显著影响。但是学界几乎没有把新型城镇化和新生代农业转移人口城市融入相结合的研究，这是对于新生代农业转移人口城市融入研究的一个盲点。

3. 我国东、中、西部地区为了改善农业转移人口城市生存状况、促进农业转移人口城市融入，分别采取了不同的措施，在促进农业转移人口城市融入的问题上取得了一定的成就，目前对各地经验的综合研究较少。综合研究各地取得的成果，得出成功的经验，可以为国家有序推进新生代农业转移人口城市融入提供借鉴和参考。

第三节　研究思路和方法

一、研究思路

以促进新生代农业转移人口城市融入为目的，通过对农业转移人口城市融入历程进行梳理，总结出农业转移人口城市融入的经验教训。通过对新生代农业转移人口城市生存现状的分析，总结出新生代农业转移人口城市融入困境产生的原因。通过分析我国各地政府对新生代农业转移人口城市融入的探索，得出新生代农业转移人口城市融入的经验，在此基础上提出新生代农业转移人口城市融入的对策。

二、研究方法

1. 文献研究法

利用中国知网查阅已有研究文献，对相关资料进行分类整理、归纳总结，了解政府顶层设计、学界研究现状、实践层面进展，为进一步的研究夯实基础。通过对已有资料的深入分析，找出新视角。

2. 历史分析法

考察中国农业转移人口流动及农业转移人口城市融入的进程，区分农业转移人口流动趋势，将农业转移人口城市融入划分为不同阶段进行研究。

3. 案例分析法

分析东、中、西部各典型城市城镇化进程中新生代农业转移人口城市融入问题，从而得出我国新型城镇化进程中新生代农业转移人口城市融入的有益启示。

4. 理论分析法

本研究以马克思主义理论为指导，以在城市和农村的夹缝中艰难求生存的新生代农业转移人口为研究对象，坚持理论指导与现实问题相结合，通过对现实中存在的问题进行分析，找出新生代农业转移人口城市融入过程中存在的问题，并推导出引起问题的原因所在，在此基础上，有针对性地提出促进新生代农业转移人口城市融入的相关对策。

第四节　研究重点和难点

任何论文的写作都是浩大工程，博士论文尤其为甚。论文的重点和难点是博士论文写作的题眼，也是考量一部论文是否成功的关键要点。本书的重点和难点主要集中在以下几个方面。

一、研究重点

1. 新型城镇化进程中新生代农业转移人口城市融入的现状及困境

农业转移人口从 20 世纪 80 年代中期在中国出现。经过三十多年时间，新生代农业转移人口成为我国工人的主体，他们素质整体较高，迁移动机转变为发展理性，具有强烈的城市融入意愿和维权意识，同时表达利益诉求方式多样化。但是新生代农业转移人口城市融入水平却处于"半城市融入"的状态。本书分析了新生代农业转移人口城市就业状况、劳动关系状况、城市生活状况、城市居住状况以及政治参与状况，分析了新型城镇化下推进新生代农业转移人口城市融入面临的挑战：构建身份认同、促进职业发展、保障劳动权益、提供均等公共服务。

2. 新型城镇化进程中促进新生代农业转移人口城市融入的对策建议

为实现新型城镇化"以人为本"的目的，需要改革土地制度，维护新生代农业转移人口农地权益；改善就业环境，促进新生代农业转移人口在城市稳定就业；推进城市基本公共服务均等化，保障新生代农业转移人口城市生活；优化城市发展战略，加速新生代农业转移人口城市融入进程；增强城市包容能力，推进新生代农业转移人口城市融合。

二、研究难点

1. 对于新生代农业转移人口城市融入现状的研究

目前官方对于新生代农业转移人口群体全国性调查研究得到的数据较少，全国性的检测报告虽然每年更新，但是针对的主要是全体农业转移人口，对现阶段新生代农业转移人口研究指导意义较弱。学界的调查研究虽然时效性较强，但是只能得到区域性数据。虽然管中窥豹可见一斑，然而毕竟不如全国性数据更有说服力。因此难以取得全国性数据是本书研究的主要难点。

2.对新生代农业转移人口城市融入对策指向的研究

新型城镇化是"以人为本"的城镇化，因此新生代农业转移人口城市融入的目标和价值取向应该是确保新生代农业转移人口能够在城市安居乐业，获得市民身份，共享城市基本公共服务，全方位融入城市。但是由于我国城乡二元化制度根深蒂固，改革牵扯面广，无法提出能够确保新生代农业转移人口城市融入一步到位的政策，只能逐步推进，提出促进新生代农业转移人口城市融入的对策。

第五节　相关概念界定

一、城镇化

从概念上来看，城镇化在中国是一个被社会各界广泛认同并应用的名词，但是由于国情的不同，对于相应的概念，国际上通用的提法是"城市化"。西班牙工程师赛达于1867年在其著作《城市化基本原理》中首次使用了"城市化"这一概念。国际上城市化的定义是指工业化进程到达一定程度之后，农村人口自发地实现由农村向城市的地域转移、由农业向工业的产业转变、由农民向市民的身份转换。相应地，城市作为更加文明和先进的地区，其生活方式等也会受农民的追捧从而向农村地区扩散，逐渐改变乡村地区贫穷、落后、封闭的面貌，从而带动乡村地区发展和进步。但是中国地域广大，人口众多，发达地域主要集中于少数几个一二线城市以及东南沿海发达城市，城市承载能力有限。因此，当"城市化"的概念传入中国之后，中国的学者理论联系实际提出了"城镇化"的概念，并逐渐被官方、学界和大众所广泛接受。城镇化脱胎于城市化，但是又区别于城市化。尤其2000年，中共十五届五中全会通过的《中共中央关于制定国民经济和社会发展第十个五年计划的建议》首次使用了"城镇化"一词，城镇化成为官方提法。

从内容上来看，城镇化包括人口的聚集、产业的集聚、空间的扩张及生活品质的提升，即城镇人口的增长、城镇中工业和服务业的产业优化升级、城镇体量不断膨胀、城镇公共服务不断提高的过程。这四个方面是一个有机联系的整体，互为因果，互相牵引。在城镇化发展的过程中，随着经济社会的发展，农业劳动生产率提高，农业和农村无力吸纳庞大数量的劳动力，人口慢慢流向非农产业和城市。农村人口逐渐减少，城镇人口比重相应增加，城镇化率不断提升，城市承载的人口数量日益增加的同时，农村人口在城市的权益会被日益提上日程。相应地，城镇化的发展理念也会从重物不重人的"以物为本"城镇化时期，慢慢演进为"以人为本"的人本城镇化时期。此时人们的视野会聚焦农业转移人口在城市受到的不公平的待遇，会探讨城镇化和发展的价值指向问题，着眼于农业转移人口生活品质的提升，从而推动城市公共服务均等化的实现。此时，农业转移人口在城市的教育、医疗、住房、就业、薪酬待遇都会有一个质的飞跃和提升。

同时，人口的聚集效应也会引起产业的集聚效应和规模经济效应。城市的工业和服务业吸引了农业转移人口到来，农业转移人口的乡城流动又为城市工业和服务业的发展提供了大量的廉价劳动力，推动二、三产业的加速发展，从而带动整个社会的产业结构向工业和服务业倾斜，促使整个国民经济结构不断优化升级。人口的流出也会带动其他生产要素在乡城之间的流动加剧，为城市工业和服务业的发展提供了助力。人口的聚集、产业的集聚、空间的扩张及生活品质的提升又会使城市不断出现新业态和新景观，一方面促使城镇数量增加，另一方面加速城镇面积的扩张和体量的膨胀，使城市不断外溢，由开始的单一城区组成，形成中心城区、市区、城市郊区等不同圈层，城市的产业分布和景观布局也和圈层结构紧密相关。随着城市的逐步发展，中心城区的辐射作用越发强烈，城市产业外溢，而郊区和周边城市通过承接城市的外溢产业，和中心城市的联系越发紧密，形成城市圈和城市群，会进一步带动周边小城市和小城镇的发展。此外，这种演变的结果也会分割城市的现代工业文明和乡村的传统自然生态，使城市和乡村形成两种不同的生态系统，各有特点，各有其逻辑。

城镇人口的聚集、产业的集聚、空间的扩张及生活品质的提升是城镇化四个重要的方面，这四个方面是一个有机联系的整体，互为因果，互相牵引。随着经济的发展和生产力的提升，人口的流动和向城市的聚集是城镇化发生的前提条件，产业的集聚和空间的扩张是城镇化的题中应有之义，而生活品质的提升才是城镇化的最终价值体现，是城镇化内涵的终极指向。城镇化的最终目标，不仅仅是让农村居民来得了、留得住、住得下，更是构建一种和农村居民完全不同的生活、消费、认知、行为习惯。

二、新型城镇化

1.新型城镇化内涵

新型城镇化以传统城镇化为基础，是传统城镇化发展到一定阶段之后，随着人们对于传统城镇化认识的颠覆和超越，进而提出的概念。2002 年，党的十六大强调产城融合，提出了"新型工业化"战略。之后 2007 年，学界有了"新型城镇化"的说法。随着党的十八大报告"新型城镇化"建设的正式提出，并以之为全面建成小康社会的重要载体，"新型城镇化"正式走入了大众的视野。2012 年中央经济工作会议，党中央把新型城镇化的战略地位又提升了一个档次，把其作为推动我国经济进一步增长的引擎，至此，新型城镇化成为家喻户晓的概念。

2.新型城镇化的提出

新型城镇化的提出备受重视，究其原因，不外乎传统城镇化模式有其自身的局限和弊端，发展到一定阶段之后，会引发一系列社会问题，难以为继。传统城镇化最大的问题是重物不重人，以牺牲农业转移人口利益为代价，片面追求城市面积扩张，为增加财政收入，大搞土地财政，盲目扩张，忽略了城市规划和社会保障，造成了一系列严重的"城市病"。这也使得我国城乡分割的二元结构一直得不到良好的解决，引发了新的城市二元结构。改革开放之后，中国城镇化快速发展，但以户籍制度为核心的二元制度一直没有得到纠正，反而随着农业转移人口的迁移转移到了城市，形成了新城市二元结构，成为分割城市居民和农业转移人口的"玻璃幕墙"，使得大量农业转移人口虽然在城市工作、生活和居住，却不能享受和城市居民同等的待遇，无法真正融入城市。虽然户籍改革一直在进行时，各地纷纷推出居住证制度、积分落户政策，但是这些政策倾向性非常明显，更乐于接纳学历高、技能高、收入高的"三高"群体。而农业转移人口由于长期被城乡和城市二元制度固定在社会底层，无力接触良好的教育，缺乏改变命运的机会，因此，仍然被城市隐形的政策拒之门外。这种状况如果长期得不到解决，会造成严重的收入分化、阶层分化，甚至会引发社会对立，影响社会稳定，不利于城镇化的发展。城市二元结构反映在我国社会现实中，其表现为常住人口城镇化率与户籍人口城镇化率脱节。常住人口城镇化率统计的目标对象是在本地居住 6 个月以上的人口，而户籍人口则是指拥有本地户口的人口。改革开放之后，我国常住人口城镇化率与户籍人口城镇化率都呈现逐年上升的趋势，但是户籍城镇化率上升趋势显著滞后于常住人口城镇化率，两者之间缺口呈增大趋势。这也从一个侧面反映了农业转移人口事实上并未享受到与城市居民同等的权利和福利。在我国的城镇化进程中，"半城市化"现象较为严重。

因此，基于此背景，我国提出了"新型城镇化"的概念，旨在扭转"以物为本"的旧理念，树立"以人为本"的新价值体系，不再以扩大政府财政收入为发展目的，通过户籍改革，破解城乡二元结构，撬动中国整个社会实现全面的社会变革，推进公共服务均等化的实现，促进农业转移人口有序有效融入城市，使农业转移人口能够和城市居民享受同等的待遇，给予农业转移人口和城市居民平等的生存、发展权利，提高农业转移人口的职业竞争力，走一条可持续化的新型城镇化发展道路，使这一群体能够有能力在城市扎根，共享城市发展的成果。坚持"以人为本"的新型城镇化，破解城乡二元结构，要从根本上消除对农民和农村的制度歧视和漠视，解决城乡土地权利不平等的问题，改变农村要素单向流出格局，真正实现工业反哺农业，城市反哺乡村，统筹城乡，均衡发展，从而提升城镇化质量，实现从数量型增长到质量型增长的转变。树立"以人为本"的新价值体系，更需要改变城镇化以往粗放型的发展模式，扭转城市"卖地经济"，改变摊大饼式的粗放发展模式，走集约经济的道路，降低城市基础设施成本，降低城市发展门槛，变革城市规划方法，给农业转移人口留下进城的空间，创造低端服务业就业岗位，使农业转移人口在城市有安身立命的根本和依靠。中国的社会是金字塔结构，而真正占中国人口大多数的是社会底层民众，这才是"以人为本"的新型城镇化真正的内涵。

三、农业转移人口

研究新生代农业转移人口城市融入，首先要了解农业转移人口的概念。2009 年中央经济工作会议提出，"提升城镇化发展质量和水平""要把解决符合条件的农业转移人口逐步在城镇就业和落户作为推进城镇化的重要任务"。在政府文件中首次提出"农业转移人口"，此处的概念主要是指在城镇从事非农产业的农村户籍人口。

农业转移人口在中华大地上出现于 20 世纪 80 年代。随着我国经济的发展，大量农村剩余劳动力涌入城市，给我国经济发展提供了大量廉价劳动力。在我国城乡二元结构的催生下，诞生了具有强烈制度色彩的"农业转移人口"。经济学的阶层理论将农业转移人口定义为一个阶层或特殊群体，按照活动地域，将他们分为两个部分：一部分农业户口人口，在本地乡镇企业从事工业或服务业，"离土不离乡"；另一部分农业户口人口离开农村进入城镇从事非农产业，"离土又离乡"。阶层理论认为农业转移人口是在城市务工的农民，或户籍在农村的工人。法学界从社会地位及在不同地域承担不同的职能来界定农业转移人口的概念，认为在户籍身份界定上，农业转移人口大部分属于农业户籍人口，仅有少数才能够获得城市户籍。他们在农村期间从事农业生产，承担农民应尽的义务，因此农业转移人口在身份上是农民；但是在职业职能的承担上，农业转移人口属于半工半农的兼业状态，靠工资收入和耕地为生。在城市，他们是工人；回到家乡，他们就成了农民。这种状况在新生代农业转移人口群体中有所改变，新生代农业转移人口大多数放弃了农业生产，成为全职的产业工人，完全依靠打工赖以为生。

综上可知，农业转移人口的出现是时代进步的结果和经济发展的产物，但也是社会建设滞后于经济发展的体现，农业转移人口是介于农村居民和城市居民、农业劳动力和产业工人之间的特殊群体，反映了我国由农业社会向工业社会、由传统社会向现代社会转型的复杂现实。农业转移人口从农业剩余人口中分离出来，离开了农村和农业，与现代工业和服务业相联系，实现了和农业生产的部分剥离，在身份界定上却依旧属于农村人口，他们是产业工人的重要组成部分，是举世瞩目的中国奇迹的创造者之一，是城市建设大军中的一员，是以人为核心城镇化的重要对象。农业转移人口为促进社会主义新农村建设、缩小工农和城乡差别、解决"三农"问题开辟了一条新路。

从农业转移人口的定义可知，这一群体具有如下几个特点。

第一，从身份上看，农业转移人口具有双重身份。农业转移人口具有农民和工人的双重身份，在农村扮演农民的角色，在城市扮演产业工人角色，承担农村发展和城市建设的双重职能，具有双重建设者的身份。

第二，从目的上看，农业转移人口的流动并非盲目，而是具有生存理性。历史上，农业转移人口的称谓几经变化，但是其实农业转移人口进城务工是基于生存和发展理性做出的选择；是在我国 GDP 以年均 10% 的速度增长的大趋势下，农民自己依靠感知对农业和工业的平均收益率进行权衡后做出的抉择。

第三，从迁移方式上看，由于农业转移人口获得信息渠道较少，因此农业转移人口进城务工，大多是由乡缘或者血缘网络所提供的信息，自发进城。同时由于户籍身份与职业身份的割裂，也由于城市的排斥和打工收入较少，所以进城务工的目的只是为了补贴家用，农业转移人口大多保留家里的宅基地和耕地，只在农闲时进城务工，按照农时像候鸟一般在城市和农村往返迁徙。

第四，从社会地位上看，城市生存边缘化。对绝大多数农业转移人口来说，进城容易，留城难。在城市打工生存容易，想上升到发展的层面，真正融入城市，在城市获得体面的尊严孰非易事，由于城乡分割的户籍制度，农业转移人口很难取得城市户籍，从身份上来讲，他们只能是农民，虽然顶着农业转移人口的称号，但是长期不被认可为产业工人，属于非正规就业，和城市工人差别巨大；从经济待遇上讲，由于城乡二元结构的阻隔，他们无法获得和城市居民同等的社会保障和福利待遇，纵然可以在城市长期居住，但是在社会地位、社会认可度、工资收入、工作环境、居住条件、福利待遇、心理状态等方面和市民存在很大的差距和隔阂，是被城市边缘化的群体。但是应该看到，虽然农业转移人口群体在城市生存状况不易，但是这一群体是我国经济社会转型期催生的特殊产物，是从农民到产业工人的过渡，是基于中国特殊国情孕育出的具有双重身份的阶层。这一阶层的存在具有暂时性，随着我国城镇化发展的深化和公共服务均等化的实现，农业转移人口这一特殊群体将和城乡二元体制一起，彻底成为历史的终结。那时，这一群体就不需要纠结于自己的身份，就是脚踏实地的工人阶层，是城市默默无闻的建设者和守护者。

农业转移人口从农村剩余劳动力分离出来之后，整个群体出现了分层现象，不再是高度同质化的群体。按照不同的特征，可以将其划分为不同类型。

1. 按城市融入程度划分

目前农业转移人口的阶层分化现象比较显著，由于市场分工的细化，拥有熟练技能和一技之长的技术工人，易于在城市获得稳定的工作，获取较高的薪酬。进城的农业转移人口大体上分为五个层次：准市民身份的农业转移人口、自我雇用的个体农业转移人口、依靠打工维生的农业转移人口、失业农业转移人口、失地农业转移人口。[①] 这五个层次的农民在职业、收入来源、住所、思想观念以及价值理念方面有很大的差别。城市融入程度依次呈降低趋势。

2. 按代际差异划分

随着农业转移人口群体的代际更替，新生代农业转移人口登上了历史舞台。第一代农业转移人口大多数出生于20世纪六七十年代，改革开放之后随着城乡壁垒松动，开始离开农村进入城市务工。新生代农业转移人口生于20世纪80年代之后，相当一部分在城市长大，即使在农村长大，也几乎没有务农经验，

---

① 谢建社. 农民工分层：中国城市化思考 [J]. 广州大学学报（社会科学版），2006(10)：44–49.

离开学校就进入城市打工。两代农业转移人口代际分化严重，由于成长环境和受教育程度不同，他们的社会认同感和生活期望值差异很大，因此导致了他们不同的心理状态和行为选择。

四、新生代农业转移人口

按照全国总工会的定义，新生代农业转移人口系指出生于 20 世纪 80 年代以后、年龄在 16 岁以上、在异地以非农就业为主的农业户籍人口。[①] 学界对于新生代农业转移人口的界定，普遍认为是指出生于 1980 年之后、于 20 世纪 90 年代开始外出务工的、具有农村户籍的群体。目前随着中国农业转移人口群体代际更替的转型，新生代农业转移人口成为农业转移人口群体的主要组成部分，作为生于改革开放之后，长于经济发展年代的群体，他们具有鲜明的群体特征。

1. 文化水平提高显著

在自身素质方面，新生代农业转移人口大多经历过九年义务教育，具有基本的文化素养，文化素质普遍高过父辈，思维更加灵活，视野更加开阔，乐于接受新鲜事物。在价值追求、生活标准、人生态度方面与传统农业转移人口有较大差异，他们的消费方式和生活习惯的养成和城市青年相似。

2. 缺乏农业生产经验

从成长历程看，新生代农业转移人口大多数是从学校到工厂，没有从事农业生产的经历，缺乏农业生产的基本技能和经验，所以即使城市工作难找、物价高企、生活不易，他们也不愿轻易离开。新生代农业转移人口由农村剥离和城市化倾向已经成为不可逆转的趋势。

3. 城市认同感强烈

从精神归属方面，新生代农业转移人口对城市有很大的认同感，进城务工

---

① 全国总工会新生代农民工问题课题组．关于新生代农民工问题的研究报告 [J]. 江苏纺织，2010 (8)：8–11, 5.

对于他们来说不仅仅是增加收入的途径，更加是他们在城市居留的重要依托。同时他们对业余文化娱乐生活也有更高的追求。

不同的群体特征决定了新生代农业转移人口的利益诉求也明显不同于他们的前辈。新生代农业转移人口除了户籍归属地之外，与城市青年相似度很大。

（1）从务工动机上看，新生代农业转移人口群体的外出务工的动机从生存理性转变为发展理性，新生代农业转移人口的发展定位大多位于城市，他们具有强烈的融入城市的渴望和改变命运的意愿，有更加执着的"城市梦"，更加渴望获得身份认同、人文关怀、公平待遇。

（2）在职业选择方面，除了工资报酬的因素之外，新生代农业转移人口更加倾向于对工作环境、公司声望、开阔眼界、工作待遇、发展前景、社会地位的考量，将就业作为一种向上流动的渠道。

（3）在诉求表达方面，新生代农业转移人口具有基本的法律常识和对政策的理解力，维护自身权益的意识也比较强烈，当工作期望和现实状况产生差距时，当权益得不到有效保障时，他们会积极维权，而不是像第一代农业转移人口那样忍气吞声地接受不公的对待，少数人甚至会采取极端的方式为自己"讨回公道"。因此，将农业转移人口的生存权利限定在维持基本生存范围内的做法已经难以应对新生代农业转移人口的利益诉求，需要通过改革保障新生代农业转移人口的权益。

五、市民

"市民"一词的来源可追溯至古希腊和古罗马。当时的社会中，市民不仅指居住在城市中的居民，更多的是一种身份和特权的象征，因此这一概念具有强烈的特权色彩。中世纪之后，市民才摆脱了特权意味，变成人身自主和决策自由的象征。市民一词也开始有了现代的含义。

现代意义上的市民，通常是指职业上从事非农产业、地域上在城市中居住和生活、身份上具有城市户籍的公民。现代意义上的市民并不仅仅是指在城市中居住和生活，更多指的是一种城市文化气息、兼容并包意识和行为方式，包括但不限于自由的精神、开放的心态、良好的素质、活跃的思维方式、平等的观念以及建立在这些基础上的城市生活方式。

在农业转移人口城市融入的研究中，不应该单纯把市民理解为拥有城市户籍，在城市居住和生活的居民。因为"以人为本"的新型城镇化解决的不仅仅是新生代农业转移人口的户籍问题，更重要的是拥有在城市安身立命的能力，享有城市的社会保障、平等的政治参与权利、市民的生活便利。

六、农业转移人口城市融入

农业转移人口城市融入的首要条件是改变城乡二元制度，使农业转移人口群体实现在城市的职业身份转变，成为真正的产业工人，在此基础上完成社会身份转变，与城市居民享有同等的社会保障和社会福利制度，并在居住环境、生活方式、消费观念以及行为理念上实现由农村居民向城市居民的转变过程，即实现职业身份和社会身份的双重转变。因此农业转移人口城市融入的核心是权利的城市融入，是农业转移人口在城市获得固定职业、稳定收入的基础上，获得与城市户籍居民享受同等的城镇公共服务的过程。

目前，根据各地的实践，我国农业转移人口实现身份转换的方式有两种：第一种是改革户籍等级制度，改变户籍身份，仅在户籍显示上消除城乡户口的差别；第二种是改革户籍等级制度背后的社会保障性政策，实现户籍身份与社会保障和福利待遇脱钩，实现基本公共服务全覆盖，使农业转移人口不需要转变户籍身份就可以与城市居民享受同等的国民待遇，并为之融入城市生活提供相应服务和政策安排。当前及今后一段时期内，农业转移人口城市融入可以两种途径并行，但重点在于后者。这是城乡人口转移的"中国路径"。

我国城镇化的特殊思路决定了农业转移人口城市融入过程的独特性，不像西方一步到位的城市融入，而是先完成职业转变，然后完成身份的转换。所以，基于和谐社会建设，分阶段、稳步推进农业转移人口城市融入进程，对提高我国经济发展和推动社会进步具有深远意义。

综上所述，城市融入的内涵涵盖了四个层次上的变化。

第一，地域的转移。地域的转移是城市融入的先决条件，农民大规模从农村到城市的迁徙标志着城镇化的开端。农民"离土又离乡"进入城市后，在城市务工并拥有独立固定的住房，居有定所。这是城市融入的一个重要衡量标准。

第二，职业的转变。随着地域的转移，农民离开祖辈赖以为生的土地，从事的职业也由农业生产转变为工业、服务业等非农产业，由通过生产农产品维持生计转变为在工厂、企业、工地等场所务工来维持生计，由农民转变为工人。

第三，身份的转换。即由农民到农业转移人口再到市民的过程。我国农民到农业转移人口的转换已基本完成，下一步需要从保障权益的角度确保农业转移人口到市民的顺利过渡，否则城市化就是不完整的、空洞无意义的。

第四，思想行为的改变。农民和市民是不同文化背景下的产物，因此，思维方式、行为观念和生活习惯有很大不同。农业转移人口虽然在城市生活和工作，但是与市民还有一定的距离。城市融入要求农业转移人口在思想意识上与市民接轨，积极融入城市社会。

七、新生代农业转移人口城市融入

目前，我国提出了"以人为本"的新型城镇化，终极目标是推动农业转移人口城市融入，转变为市民融入城市，实现农业转移人口的终结，这是解决我国农业转移人口问题的根本出口，也是城镇化发展的必然结果。而新生代农业转移人口也已成为农业转移人口的主体，他们的城市融入诉求也最强烈，因此，近几年来，国内的许多专家学者对新生代农业转移人口城市融入问题进行了深入的研究。

新生代农业转移人口城市融入，是指如何实现出生于20世纪80年代、年龄在16岁以上、在异地从事非农产业的农业户籍人口在城市安居乐业的问题。不仅要实现户籍意义上的身份的转变，还要在权利、公共服务、思想观念、行为方式上同样实现农民向市民的转变。

随着农业转移人口群体的代际转换，整个群体诉求发生了新的变化，由以前单一的经济诉求，转变为多样化的经济、政治、文化诉求；由单纯获取经济报酬，转变为希望获取城市居民同样的权利和待遇。解决农业转移人口问题也从权益维护走向了促进城市融入的社会融入。推进新生代农业转移人口城市融入是一个艰巨的任务和长期的过程，关系到利益的调整和再分配，涉及我国方方面面的改革，需要政府主动作为和政策引导，同时政府、社会和个人三方协同发力。

政府需要制定和完善与新生代农业转移人口城市融入相关的政策，引导新生代农业转移人口有序流动、逐步适应、逐渐融入城市社会。为新生代农业转移人口提供均等的公共服务以及与城市居民同样的就业权、教育权、社会参与权。社会应该提高包容度和接纳度，减少对新生代农业转移人口的歧视和排斥，提供一个开放、包容、宽松的环境，为新生代农业转移人口城市融入提供一个良好的社会氛围，帮助他们尽快完成心理上的城市融入。新生代农业转移人口也要积极主动地融入城市，从生活方式、价值观念、行为模式上真正完成从农民到市民的转变。

第二章 新生代农业转移人口城市融入的理论来源

农业转移人口是我国农村剩余劳动力转移过程中的过渡性群体，新生代农业转移人口城市融入时期是我国人口城镇化发展的重要阶段，是农村剩余劳动力转移过程中实现身份转变的重要环节，关系到我国农民到市民的转变过程能否顺利完成。新生代农业转移人口城市融入理论是国内外长期瞩目的重大理论和现实问题，为了给研究奠定坚实的理论基础，有必要梳理新生代农业转移人口城市融入的理论来源。马克思主义创始人经历了资本主义初始阶段的农业剩余人口转移过程，其农村剩余劳动力转移理论是我国新生代农业转移人口城市融入的理论基石。经济学的相关理论对我国新生代农业转移人口城市融入具有重要指导作用。

第一节 马克思主义创始人的城乡理论

无论第一代农业转移人口抑或新生代农业转移人口，都可以统称为"农村剩余劳动力"。农业转移人口虽然是我国独特国情催生出的特有产物，但是其农村剩余劳动力的本质并没有改变。在我国，农村剩余劳动力是中华人民共和国成立之后尤其是改革开放之后出现的新群体。但是在世界历史上，早在马克思、恩格斯生活的年代，资本主义世界已经开始了轰轰烈烈的农村剩余劳动力乡城转移。马克思主义创始人敏锐地注意到了这一现象，并进行了系统的研究和阐释。

一、马克思、恩格斯的城市发展理论

城市的发展是人类社会迈向文明和现代化的产物，其发展是一个正负效应相伴随的曲折演变过程。一百多年之前，马克思就发现了城市发展的弊端，指出了城乡对立以及消除城乡差别的必然性，对我国新型城镇化以及城市融入有重要的指导意义。

1. 早期城市发展必然导致城乡对立

马克思认为，城市是生产力变革引起的社会分工形成的结果。他认为，古代社会生产力低下，城市和乡村的界限和差别尚不明显。社会分工的细化，极大地促进了生产力的发展。工业革命之后，资本主义国家纷纷进入机器大工业时代。随着生产方式的深刻变革，工业在国民经济中的地位上升，使得原来"不过这是以土地所有制和农业为基础的城市"[1]发生了变化：城市与农业生产分离，城市与乡村拉开差距，城市以资本主义雇佣方式为核心，演变成为工业、商业、贸易和交通中心。工业时代的到来使整个资本主义的社会形态发生了翻天覆地的变化。受影响的不仅仅只是城市社会，也有乡村社会，因为"大工业的首要前提，是把全部农村纳入不是使用价值而是交换价值的生产"。[2]城市的虹吸效应吸纳了大量的劳动力，与此同时各种优质的资源也纷纷向城市聚集，城市日益成为一个开放包容、流动性强、经济发达的区域。与之相反，乡村劳动力和生产要素流失加剧，乡村逐渐成为相对落后和闭塞的区域。在阶级构成上，工业化和城市化的进程也促进了工人阶级在城市的产生和发展，"如果没有大城市，没有它们推动社会意识的发展，工人绝不会像现在进步得这样快"。[3]工业化和城市化进程导致了城市和乡村的反向发展和对立，投射到社会层面的反应，就是城市居民和农村居民的利益分化和对立，从阶级的视角看，则是农民和工人的阶级分化。"把一部分人变为受局限的城市动物，把另一部分人变成受局

---

① 马克思恩格斯全集：第 2 卷 [M]. 北京：人民出版社，2012：733.

② 马克思恩格斯选集：第 2 卷 [M]. 北京：人民出版社，2012：767.

③ 马克思恩格斯全集：第 2 卷 [M]. 北京：人民出版社，1957：408.

限的乡村动物，并且每天都重新产生两者利益之间的对立"①，而这一切都"是在城市和乡村的对立中进行的"②。由此可见，早期城市化必然引发城乡对立。

2. 城市发展最终会消灭城乡对立

马克思、恩格斯认为，工业革命促进了城市化的快速发展，而城市化导致了城乡对立，但是随着机器大工业的进一步发展，城乡对立终将消失。"将要消灭旧的分工以及城市和乡村的分离并且将使全部生产发生变革的革命因素已经在现代大工业的生产条件中处于萌芽状态"③。当生产力高度发达，达到共产主义社会阶段后，"城市和乡村之间的对立也将消失。从事农业和工业的将是同一些人，而不再是两个不同的阶级"④。同时工业和农业的鸿沟被填平，城市和乡村的对立消失，不同生产力的对立不复存在，阶级自然也随之消失。然而这一切"取决于许多物质前提……单靠意志是不能实现的"⑤，要消灭城乡对立，需要以发达的生产力作为前提。如果要保证社会的物质财富充分涌流，则需要社会经济持续稳定增长，要求高度发达的工业产业使农业剩余人口实现充分就业，但最重要的还是"农业和工业在它们对立发展的形态的基础上的联合"⑥。只有实现现代化，工业和农业互相为彼此提供必不可少生产原料和生产工具，"工业生产和农业生产发生密切的内部联系，并使交通工具随着由此产生的需要扩充起来……才能使农村人口从他们数千年来几乎一成不变地栖息在里面的那种孤立和愚昧的状态中挣脱出来"⑦。

---

① 马克思恩格斯选集：第 2 卷 [M]. 北京：人民出版社，2012：185.
② 马克思恩格斯选集：第 2 卷 [M]. 北京：人民出版社，2012：733.
③ 马克思恩格斯全集：第 20 卷 [M]. 北京：人民出版社，1971：322.
④ 马克思恩格斯选集：第 1 卷 [M]. 北京：人民出版社，2012：308.
⑤ 马克思恩格斯选集：第 1 卷 [M]. 北京：人民出版社，2012：185.
⑥ 马克思恩格斯选集：第 2 卷 [M]. 北京：人民出版社，2012：233.
⑦ 马克思恩格斯全集：第 18 卷 [M]. 北京：人民出版社，1964：313.

二、马克思、恩格斯的城乡融合理论

资本主义生产力的发展虽然会引发城乡对立，但是生产力更进一步的发展会促进城乡融合发展，最终消灭城乡对立。城乡融合是一个漫长的变革过程，需要生产力进一步发展以及工业现代化和城市现代化的实现。在此过程中，城市体量增大，城市的产业、资源、人口、理念逐步向乡村溢出，这个溢出过程也在潜移默化地改造着农业的生产方式，以及农民的生活习惯和思维模式，即"把城市和农村生活方式的优点结合起来，避免二者的片面性和缺点"①，改变之前优质资源单方面由乡到城流动的模式，城乡之间优质资源互相流动，社会整体协调发展。这就是城乡融合的过程和结果。

城乡对立会带来一系列社会问题，如城乡差别拉大、城乡矛盾尖锐、城乡两极分化等，这些问题正是城乡融合需要解决的。欧美各国实现工业革命之后，生产力得到了极大的释放和发展，城市化进程飞速发展，城市体量得到了极大的扩张。但是在此过程中，乡村发展依然滞后，城市和乡村的差距拉大，两极分化现象严重，出现了空前严重的城乡对立，引发了各种社会矛盾，导致了激烈的社会冲突。城乡两极分化也使得希望改善生活的乡村居民大量涌入城市，给城市的治安、管理造成了混乱，城市居住状况差造成"霍乱、伤寒、天花以及其他流行病的一再发生"②，城市中充斥着"境况最差的贫民窟"。城乡之间因分工不同造成的利益对立也冲突不断。

马克思、恩格斯认为，城市的发展壮大虽然会导致城乡对立的一系列社会问题，但是城市的发展还是具有现代意义，要实现最终城乡融合的目的，依然需要发挥城市的带动作用，把现代文明传递到乡村，以城市现代化带动乡村现代化，以工业现代化带动农业现代化。③ "只有大工业才用机器为资本主义农业提供了牢固的基础……使农业和农村家庭手工业完全分离，铲除了农村家庭

---

① 马克思恩格斯选集：第 1 卷 [M]. 北京：人民出版社，2012：305.
② 马克思恩格斯选集：第 1 卷 [M]. 北京：人民出版社，2012：67.
③ 马克思恩格斯选集：第 1 卷 [M]. 北京：人民出版社，1972：255.

手工业的根基——纺纱和织布"①。城乡对立的根源是农村和农业的落后，因此"科学终于也将大规模地、像在工业中一样彻底地应用于农业"②。只有有效提高农业劳动生产率，促进农村地区经济繁荣发展，才能最终实现城乡大融合的目标。

第二节　经济学相关理论

一、农村剩余劳动力转移理论

1.劳动力市场理论

劳动力市场理论出现于 20 世纪 70 年代，又称二元劳动力市场理论。主要的代表人物有皮奥雷、戈登、多林格、卡诺依等。劳动力市场理论以筛选假设理论为基础，但是它否定了筛选假设理论的基本前提——教育与工资关系的分析。它们认为，筛选理论忽视了劳动力市场内部结构，因此对教育水平与个人收益正相关的理论构建不够全面。

劳动力市场理论认为，现代资本主义经济中，劳动力市场存在不同的"市场势力"，即大的垄断企业和小的竞争性企业，这些不同的"市场势力"把劳动力市场分割为"主要部门"和"次要部门"，各部门之间教育与工资关系不尽相同。主要劳动部门中的工人，其个人素质、教育程度和职业技能水平相对较高，这些工人为了得到大公司、大企业和大机构中的职位而竞争。这些职位工作稳定，薪资待遇较好，晋升机会较多，自主性大。次要劳动部门中的工人，其个人素质、教育程度和职业技能水平相对较低，他们为小型企业、小型公司中的职位而竞争。这些职位稳定性差，工作流动性较大，提供工资较低、工作条件较差。两个市场之间不能互相流通，各自作为封闭独立的市场存在。

---

① 马克思恩格斯全集：第 3 卷 [M]. 北京：人民出版社，1960：858.
② 马克思恩格斯选集：第 4 卷 [M]. 北京：人民出版社，2012：460.

2. 二元经济结构模型

二元经济结构模型，又叫刘易斯模型，由诺贝尔奖得主威廉·阿瑟·刘易斯创立。刘易斯认为，发展中国家具有二元经济结构，二者分别是以工业为代表的资本主义部门和以农业为代表的传统部门。前者拥有现代化的生产技术，生产率较高；后者技术手段落后，导致生产率低下。而劳动生产率低下的农业部门拥有大量的边际产量为零的剩余劳动力。相应地，劳动生产率高的部门，工资水平也相对较高。因此，随着经济增长，农业劳动力逐渐由高工资所吸引，被生产率较高的工业部门抽走，直到全部吸纳完毕，此时劳动生产率相当，工资持平，二元结构终结。刘易斯模型基本能够解释发展中国家遇到的情况，但是也存在一些缺陷。例如，农村剩余劳动力的劳动边际生产率并非一直为零，忽视了农业劳动生产率的提高，忽略了发展中国家存在劳动力双过剩的情况，没有认识到劳动力素质的差异等因素。[①]

3. 拉尼斯—费景汉模型

基于刘易斯模型存在的缺陷，美国经济学家古斯塔夫·拉尼斯和约翰·费景汉于1961年发表了《经济发展理论》，于1964年发表了《劳动剩余经济的发展：理论和政策》。在这两篇文章中，他们指出了刘易斯模型对于农业部门的忽视。他们认为，农业劳动生产率提高才是农村剩余劳动力出现的原因，农业为工业的发展提供了农产品，而剩余劳动力的转移会引起农产品价格提升，现代工业部门的利润也会随着工业生产成本的提高而下降，直到最后持平。

拉尼斯—费景汉模型通过对农业剩余分析的引入，将二元经济结构发展划分为三个阶段。第一阶段和刘易斯的二元经济结构模型分析类似。第二阶段，农村剩余劳动力持续向工业部门转移，但是这一阶段农业劳动力边际生产率不再为零，而是介于零和工业劳动生产率之间。因此，这一阶段农产品价格会出现抬升的情况，引起原发性通货膨胀，推高工业部门成本和工资水平，进而阻

---

① 王海全. 我国农村剩余劳动力向城镇转移的制度约束研究 [M]. 北京：经济管理出版社，2014：18.

碍农村剩余劳动力的继续转移。唯有提高农业劳动生产率，才能保持农产品的充分供给，维持农村剩余劳动力继续转移的趋势，进而过渡到第三阶段，实现农村剩余劳动力的完全转移。此时，发展中国家的二元结构才能被一元结构所取代。拉尼斯—费景汉模型有所发展，但是仍然存在缺陷，例如，没有意识到发展中国家工业部门依旧存在失业的情况，没有意识到剩余人口转移对工资水平的影响等。

4.乔根森模型

基于上述缺陷，美国经济学家戴尔·乔根森在 1967 年发表的《过剩农业劳动力和二元经济发展》一文中提出了乔根森模型。乔根森模型依据新古典主义的分析方法而创立，该理论的分析前提和拉尼斯—费景汉模型相似，都假定发展中国家只有两个部门，即工业部门和农业部门。该模型理论认为，发展中国家起初没有工业部门，经济增长和人口膨胀全靠农业劳动生产率的提高。随着工业部门的出现，当粮食产量的增长速度快过人口增长速度时，农业劳动力会出现剩余并向工业部门转移。乔根森模型认为，在农业部门中，该理论假定农业产业的资本不存在积累，并且土地这一决定性因素的供给是固定不发生变化的。在工业部门，该理论假定科技发展为中性因素，并且其生产函数规模报酬是不变的。在此假设条件下，农业部门向工业部门劳动力转移的基础是农村剩余劳动力的出现。并且剩余劳动力越多，该流动的规模就会越大，最终促使农业部门和工业部门均得到共同发展。[1] 和之前的理论一样，乔根森模型也存在对发展中国家的失业现象以及农业投资重要性的忽视。

5.托达罗—哈里斯模型

前面几种理论曾经长期占据学界的主流，被世界公认为能够解释发展中国家情况。但是美国经济学家托达罗和哈里斯通过一系列论文提出了这些模

---

[1]　刘洪银，张红霞，崔宁.中国新生代农民工市民化：模式与治理[M].天津：南开大学出版社，2014：11.

型存在的严重问题和缺陷，并提出了托达罗—哈里斯模型（the Todaro–Harris model）。托达罗—哈里斯模型的假设前提和之前几种模型提出的理论刚好相反，他们不认可农村剩余劳动力的存在，反之，工业部门的失业问题却很严重。虽然失业现象广泛存在于发展中国家的城市和农村，但这并不能阻止农村剩余劳动力大量涌入城市。这说明发展中国家农村剩余劳动力转移和工业部门劳动机会的多寡以及农业部门和工业部门之间的收入差距呈正相关。当城市预期收入较高且城市失业率较低时，劳动力流动行为就会活跃。反之，流动率就会降低。并且他们还指出，农业劳动力的受教育程度越高，对城市的预期收入越高，这也会导致较高失业，其流动性也会越强。

基于以上分析，托达罗—哈里斯模型认为，发展中国家的城乡二元结构决定了较大的收入差距，而这又导致农村劳动力源源不断地流入城市，致使城市劳动力市场供求严重失衡，失业问题越来越严重。[①] 发展中国家的政府想要解决这一问题，应着力于发展农村，提升农业劳动生产率，缩小城乡之间的差距，只有这样才能减少城市和工业部门的压力，为农村剩余劳动力提供更多的就业机会。此外，托达罗和哈里斯还分析了农村劳动力转移的初期发展阶段，农村剩余劳动力流动到城市后，由于其专业技能的缺乏，因此只能选择在城市中的传统部门就业。而后，这部分流动人口经过培训获取了一定的操作技能后，才具备从城市传统部门进入现代工业部门的能力，获取固定的工作和稳定的收入。

刘易斯模型和拉尼斯—费景汉模型中均假定，城市中失业现象在现代工业部门中不存在，而托达罗—哈里斯模型的研究背景则更接近于现实，它认为在发展中国家中普遍存在城市化进程高于工业经济发展水平的问题。但是托达罗—哈里斯模型同样存在不足，它只考虑到了农村剩余劳动力进入城市的迁移成本，却忽视了其在城市中的生活成本。

---

① 王海全．我国农村剩余劳动力向城镇转移的制度约束研究 [M]．北京：经济管理出版社，2014：26.

二、人口迁移理论

1. 推拉理论

推拉理论起源于英国学者雷文斯坦。雷文斯坦对人口迁移现象进行了研究，并总结出了七条规律。之后美国学者巴格内基于对人口流动的研究，提出了人口学上最重要的宏观理论——推拉定理。该理论经过一些学者的修正和发展，于20世纪60年代由美国学者李提出了系统的推拉理论。该理论把影响迁移的因素区分为消极因素的"推力"和积极因素的"拉力"两个方面，"推力"和"拉力"的共同作用，导致了人口迁移的形成。李认为，消极因素的"推力"指的是迁出地落后闭塞的状态以及低于社会平均水平的收入水平，这是促使移民离开居住地的推动力量；积极因素的"拉力"指的是流入地更高的工资收入、更大的发展空间、更好的生活质量以及更多的受教育机会，这是吸引移民迁入新居住地的拉动力量。流出地和流入地都兼具拉力和推力。李更进一步地对影响劳动力迁移的中间障碍因素进行了研究。他在《移民人口学之理论》一文中指出，中间障碍因素主要是指迁移的距离成本、迁移过程中的物质障碍、迁入地和迁出地之间的文化差异、移民对未来预期和对发展的追求。人口流动是流出地推力、流入地拉力和中间障碍因素三者共同作用的结果。

2. 舒尔茨成本—收益模型

在《人力资本投资》一文中，舒尔茨从微观角度出发，结合迁移者心理因素分析，对流动人口迁移成本和收益分别进行了研究。该研究指出，迁移者的迁移成本主要有两种：第一种是迁移过程中支出的货币成本；第二种是因迁移而造成的非货币成本，如迁移花费的时间成本、找工作造成的寻找成本、适应新环境的心理成本、家庭成员分离的亲情成本等。相应地，迁移者的收益主要分为两部分：一是如愿获得更高工作报酬的货币收益；二是因迁移至更好的环境中获得的非货币收益，如获取更好工作机会的满足感、改善生存环境的喜悦感、获得更好发展机会的成就感。迁移人口会在成本和收益之间进行权衡，当收益明显高于成本时,就存在了大规模迁移的前提。舒尔茨成本—收益模型另辟蹊径,开启了人口迁移理论研究的新领域。

3.人力资本迁移理论

斯加斯塔和贝克尔是人力资本迁移理论的主要代表人物,他们认为,劳动者的有效迁移意愿与人力资本的质量呈现正相关的关系。劳动者的学历越高、职业技能水平越强,迁移意愿和实现的可能性也越强,反之则越弱。该理论认为,劳动者年龄的长幼、劳动力素质的高低、迁移距离的长短、迁移成本的高低以及农村发展程度的好坏都会影响迁移意愿。

综上所述,西方经济学从不同的视域对人口迁移理论进行了研究,取得了一系列研究成果,对我国农业转移人口城市融入的研究有一定的指导和借鉴意义。但是由于我国的国情和国外不同,因此在具体的研究中还需要从我国的实际情况出发,不能生搬硬套。

第三章　城镇化进程中农业转移人口城市融入的历史演进及经验

　　城镇化进程是工业化和现代化的进程，同时也是人口不断由农村向城镇流动和转移的社会经济过程。而人口流动又进一步推动了城镇化的发展。新中国成立之前，我国的城镇化水平比较低，新中国成立以后，城镇化水平才略有增加。改革开放以后，我国城镇化迎来了快速发展时期，在发展过程中取得了举世瞩目的成就，但是也出现了一系列问题。梳理城镇化进程中农业转移人口城市融入的历史演进及其经验教训，对推进我国现阶段新型城镇化进程中的新生代农业转移人口城市融入具有重要的指导意义。

第一节　城镇化进程中农业转移人口城市融入的历史演进

　　新中国的城镇化历程，大体上以 1978 年改革开放为分界线，呈现出两个不同的历史时段。由于两个时期体制的不同，呈现出不同的发展特点，城镇化进程取得了不同的进展。改革开放之前，随着城镇化不断发展，我国农村剩余劳动力转移历经了几个重要阶段，呈现出曲折发展的态势。自改革开放以来，得益于经济发展和体制改革，我国城镇化呈现出"逐级加速"的发展趋势。

一、改革开放前我国城镇化进程中劳动力的流动情况

　　这一阶段是以计划经济为主的城镇化曲折起步时期，农民工尚未形成，我国农村劳动力流动处于控制发展时期。以工业建设为中心是这一阶段的发展战略，计划经济是这一阶段经济发展的主要形式。此阶段城市规模有所增加，但

是城镇化水平较低、发展缓慢。新中国成立到改革开放前，我国农村劳动力流动的历史进程大体可分为以下四个阶段。

1.城市规模增大与农民自由转移阶段（1949—1957年）

1949年年底，我国5.4167亿总人口中，只有5765万人居住在城镇，城镇化率只有10.64%。这一时期，我国实行了第一个五年计划，尤其是"一五"时期156项重点工程建设，不仅使项目所在地的老城得到了扩张，更催生了一批新兴工业城市，增强了人口集聚力。到"一五"结束时，我国城镇化率已经提升到15.39%，城镇人口增加到9949万人。这一阶段，我国农村剩余劳动力转移基本不受约束，因此劳动力由乡村到城市的转移非常频繁。

这一阶段又可以具体划分为以下两个小阶段。

（1）国民经济恢复时期（1949—1952年）。

新中国成立以后，百废待兴。因此，1949年至1952年我国经过了短暂的战后恢复阶段。实行人口自由迁徙政策，对农村向城镇的人口流动不加限制，只需要履行登记手续，就可以获得城市户口。1954年9月，中华人民共和国第一部宪法在《中国人民政治协商会议共同纲领》基础上形成，其中第三章第九十条规定："中华人民共和国公民有居住和迁徙的自由。"可见，新中国成立之初国家并没有控制城市和农村之间的人口流动。这一时期城镇人口年增长率为7.5%。

（2）工业化起步时期的城镇化和市民化（1953—1957年）。

这是我国第一个五年计划时期。这一时期我国确立了优先发展重工业的赶超战略。从苏联和东欧引进了156项重点工业建设项目。这些重点项目不仅初步奠定了新中国的工业基础，而且使一些新兴工业城市出现，也吸引了大量农村人口流入城市。

虽然工业化建设起步使得城市对劳动力的需求大增，但是当时我国经济基础薄弱，为了提供重工业发展所需要的资源，只能通过压低农产品价格的方式实现。而这种方式严重挫伤了农民提供农产品供给的积极性，一方面加剧了农产品供需矛盾，另一方面加大了农民离开工资率低的农业进入城市，寻找回报率较高的工业生产机会的驱动力，国家很快出现了粮食短缺现象。为了应对粮食短缺现象，政府从 1953 年开始实行统一收购、定量供应的政策，以确保城市和工业生产对粮食的需求。1955 年，我国第一套粮票开始发行。同时，为了增加农村粮食供应，减少城市粮食供给，政府认为必须控制农村人口进城。

为劝止农民进城，1953 年 4 月 17 日，政务院出台了《关于劝止农民盲目流入城市的指示》，文件提出："由于城市建设尚在开始，劳动力需用有限，农民盲目入城的结果，在城市，使失业人口增加，造成处理上的困难；在农村，则又因劳动力的减少，使春耕播种大受影响，造成农业生产上的损失。"要求各级政府要耐心向农民解释原因，并阻止他们进城的行为；1955 年 6 月，国务院发布了《关于建立经常户口登记制度的指示》等文件，指出对于两类迁移人员要区别对待，对于有正当理由的要求迁移者，政府应该满足其迁移要求，对于那些盲目要求迁入城市的农民，政府应该及时劝止。对于不具备正当理由且已经进入城市的农民，如果能够出具有关材料证明其在城市已经找到正当职业或已入学，仍然可以给其办理城市正式户口。直至 1957 年，中共中央、国务院对于农民流动的政策收紧，发布了《关于制止农村人口盲目外流的指示》，完全关闭了城乡流动的大门。严格禁止城市企业从农村招工，对于已经进城的农民，即便能够在城市找到工作，一经发现也要遣返原籍。这一时期，为了遣返进城农民，我国城市收容遣送机构出现。也就是说，这一时期，农村劳动力向城市的转移情况从不受政府限制、干预或限制很少开始，一路激进发展到政府出台限制措施进行严格控制。

这段时期，由于新中国刚成立，百废待兴，工业化发展起步，特别是原材料工业发展势头良好，国民经济得到恢复，城市发展迅速，人口总数较战争年代有所回升。所以，一方面，城市有空余的就业岗位和生活资源可以吸纳农村劳动力；另一方面，农村仍存在很多剩余劳动力，他们从农村转移出来，既可以选择就地城镇化，到乡镇企业中就业，也可以选择迁移到城市中，在工业企业中就业。在初期政策的指引下，劳动力从农村迁移到城市的进程频繁而自然地发生着。1953 年至 1957 年的五年中，城市中的农民工增加了 1000 多万，平均每年增加 35.3%。[①] 这是我国城市化水平增长最快，农村剩余劳动力拥有最大自由度的时期。1957 年年底，随着政府对迁移现象进行限制，农村剩余劳动力自由流动的历史宣告终结。

2. 虚假城镇化与农民快速转移阶段（1958 — 1960 年）

这一时期我国城镇化发展迅速，城镇人口急剧增长。1960 年年底，我国城镇人口增加至 13073 万人，平均每年增加 1040 万人，城镇人口的比重达到 19.75%，年均提高 1.75 个百分点，新增城市 23 个。但是这种看似繁荣的城镇化是与农业发展程度严重脱节的城镇化，是违背了经济发展规律的虚假城镇化，最终只能昙花一现，无法长久，而且为我国经济社会发展埋下了巨大隐患。

为尽快改变我国经济发展落后的现状，1958 年，中国共产党第八届全国代表大会第二次会议通过了"鼓足干劲、力争上游、多快好省地建设社会主义"的总路线及其基本点，但是在具体实施中却出现了偏差。而且这个时期我国的工业水平不高，技术的差距需要大量的劳动力填补，因此城市工业建设提供了大量的就业岗位和空间，使得农村劳动力转移加快。仅 1958 年、1959 年两年，在城市中建成和部分建成的大型企业达 1000 多个，中小企业多达十几万个；1957 年至 1959 年的三年之内就有 3000 万农村青壮年劳动力进入城市就业。城镇人口以每年 10.4% 的增长率增长。到 1960 年年底，城镇人口的比重已经达到 19.75%。全国设市级城市增加了 33 个，新建建制镇 175 个。[②]

在此期间，我国为限制城乡人口流动，一个里程碑式政策文件——《中华人民共和国户口登记条例》，在 1958 年 4 月正式颁布。此条例标志着我国城乡分离的二元制户籍制度的诞生，其影响力一直延续至今。虽然我国二元制户籍制度由此正式确立，但是由于条例执行力度不强，致使城市人口依然持续增加。1959 年 2 月，中共中央又下发了《关于制止农村劳动力流动的指示》，强调一律不得再招用流入城市的农民。1959 年 3 月，中共中央、国务院联合发出《关于制止

---

① 葛罗米柯，波诺马廖夫．苏联对外政策史 1945–1980 [M]．韩正文，译．北京：中国人民大学出版社，1988：330.

② 蔡秀玲．中国城镇化历程、成就与发展趋势 [J]．经济研究参考，2011(63)：28–37.

农村劳动力盲目外流的紧急通知》，再次强调所有未经允许，农民不得离土离乡。[①]

3. 逆城镇化与农村人口回流阶段（1961 — 1965 年）

1960 年起，我国经济发展进入困难阶段。1961 年，党中央开始调整经济政策，出台了"调整、巩固、充实、提高"的八字方针指导困难时期的经济建设，并且采取了一系列的应急措施，例如进口大量粮食应急救灾，压缩城市居民的口粮标准，开展"粮食食用增量法"和代食品的救灾运动等，以度过困难时期。由于我国农产品已经出现严重短缺，大批工业项目只能停建、缓建，政府采取了"大幅度压缩城镇居民"的政策。鼓励"大跃进"时期进入城市务工的农民重新回到农村从事农业生产，于是出现了农村剩余劳动力回流。这一时期，我国撤销了"大跃进"时期部分新设城市建制。1961 年至 1963 年，我国城镇人口共减少 2600 万人，精减职工 2000 万人。3 年间撤销 22 个城市，城镇化水平减少到 16.84%，出现了逆城镇化现象。1965 年的城市数量甚至比 1956 年还少 6 个。但是由于政府的经济调整政策，1965 年城市经济缓慢复苏，城镇化水平恢复至 17.98%。

这一时期，国家对于农民流动的政策进一步收紧。《关于处理户口迁移问题的通知》要求各地既要严格控制农村人口迁入城市，又要保障必要的正常迁移。各地政府要根据中共中央指示，动员农村进城人员返回农村。同年 12 月，《关于加强户口管理工作的意见》强调"城市迁往农村的，应一律准予落户，不要控制"。1963 年 12 月，为压缩城镇人口，减少就业压力，中共中央、国务院颁布了《关于调整市镇建制、缩小城市郊区的指示》。

1958 年的《中华人民共和国户口登记条例》，加上这一时期出台的一系列人口管理政策，共同限制农村劳动力流入城市，初步铸造起了劳动力城乡流动的壁垒。这一时期的逆城镇化是我国城镇化率第一次大幅回落，大大延缓了我国城镇化进程。

---

① 刘洪银，张红霞，崔宁. 中国新生代农民工市民化：模式与治理 [M]. 天津：南开大学出版社，2014：29.

4. 城镇化停顿与农村劳动力转移停滞阶段（1966 — 1978 年）

1966 年 5 月至 1976 年 10 月，这一时期农村劳动力转移基本停滞。"工业进三线"运动分散了我国的大工业，在确保我国战略安全上具有重要意义。但是城镇化是建立在工业集聚效应的基础上的，因此刚刚起步的大工业从城市撤出，被转移至边远山区，一度中断了我国城镇化进程。到 1978 年年底，全国城市只增加了 16 个，全国总人口中城镇居民为 1.72 亿人，城市人口仅增加 2700 万人。城镇化率为 17.92%，略低于 1965 年的 17.98%。

这一时期农村劳动力转移也基本处于停滞状态。究其根本原因，是因为计划经济体制下，人口的流动和劳动力转移需要服从于国家的经济发展战略。我国当时农业劳动生产率不高，粮食供应短缺，属于稀缺产品，因此从宏观经济角度来说，作为粮食生产主力军的农民，需要其坚守岗位从事生产，以保障国家的粮食安全，因此不能大规模随意流动。1966 年至 1972 年期间，我国城镇化率有所下降，但是 1972 年之后随着经济的逐渐恢复，城镇化率也有所回升，1975 年和 1976 年分别比上年增长 1.8% 和 1.0%。工农业总产值年平均增长 7.1%，国民收入 (净产值) 年平均增长 4.9%。但是这一时期城镇化的发展水平整体不高，和 1966 年之前的 14 年 (1953—1966 年) 以及 1977 年之后的 6 年 (1977—1982 年) 的指数比，这种发展速度十分缓慢。[①]

此外，大规模上山下乡运动逐渐开展，毛泽东同志要求知识青年接受贫下中农再教育，知识青年纷纷响应上山下乡的号召，这一运动有利于知识分子与劳动人民接触，体会农民生活的疾苦，接受劳动人民教育，同时也造成了这一时期逆城市化的潮流。尤其在 1972 年至 1974 年，知青下乡更是达到了一个历史高峰。另外，实行干部下放，也加剧了逆城市化的人口流向。1968 年至 1977 年，全国有 1600 万城市青年转移到农村进行劳动。1966 年至 1970 年城镇的新增人口中，机械增长部分甚至出现了负值。家在城市的知青和干部都回不了城，而且不管是城市还是农村都没有多少剩余资源，所以我国农村劳动力转移基本

---

① 武力 . 中华人民共和国经济史 [M]. 北京：中国经济出版社，1999：98.

处于停滞状态。

二、改革开放以来我国城镇化进程中农业转移人口城市融入的演进

1978 年，真理标准问题大讨论拉开了思想解放运动的大幕，人们的思想从极"左"的禁锢中解放出来。在这场运动的推动下，中国的经济发展从此走上正轨，农村的经济结构得到了调整，家庭联产承包责任制在全国范围内得到了推广，农业劳动生产率得到了极大的提升，有限的耕地无力吸纳庞大数量的劳动力，我国农村出现了大量的剩余劳动力。在社会发展和制度刚性的博弈中，人口流动的壁垒逐渐松动，农村剩余劳动力逐渐完成了由乡到城的地域转变和由农业到工业的职业转变。改革开放之后至今，我国城镇化进程中农业转移人口城市融入大致可分为以下四个阶段。

1. 小城镇发展方针与农业转移人口迁移曲折发展阶段（1978 — 1992 年）

1978 年，中国共产党提出"以经济建设为中心"的发展方针，中国进入改革开放新时期，我国城镇化历程也随之进入了一个新的发展阶段。国民经济高速增长，城镇化进程继续推进，城市和农村之间的壁垒逐渐被打破，特别是随着乡镇企业的发展，使得中国的城市化呈现出了小城镇迅速扩张、人口就地城镇化的趋势。城镇人口也逐步增加，十年间城镇化增加了 10%。这一时期，农业转移人口流动大体呈增长趋势，只是在一段时期内有小幅波动。

这一阶段的农业转移人口流动进程，大致可分为以下三个小阶段。

（1）城镇化恢复和农村剩余劳动力转移再起步阶段（1978—1983 年）。

这一时期是农村经济体制改革和工业发展推动城镇化恢复时期。1978 年十一届三中全会开启了中国改革开放的大幕，经济活力得以释放，农村格局发生了前所未有的改变。到 1983 年年底，我国城镇人口由 1978 年的 1.7 亿增加到了 2.4 亿，城镇化率也相应地由 1978 年的 17.92% 提升至 1983 年的 23.01%。

在这一阶段，我国普遍实行以家庭联产承包经营为基础、统分结合的双层经营体制，农户拥有经营自主权，获得了自主支配劳动力的权利。在这个基础上，一方面，明显提高了农业的产出和经济效益，大大增强了农民和农村的积累能力；另一方面，农户拥有了对家庭劳动力的支配权。因此，从 20 世纪 80 年代初开始，农村剩余劳动力的问题重新显现，农闲时间出现了农民向城市流动的新趋势，但是由于城市对劳动力的吸纳能力有限，加上政府依然严控农民进城镇就业和定居，农村剩余劳动力需要寻找突破口释放创造性和积极性。正是在这样的情况下，在农业生产收入有限、就业压力大的推力和寻求更高收入、更好职业的拉力牵引作用下，农民充分发挥劳动人民的创造性和聪明才智，向两个地方流动和聚集：一是通过发掘乡村的各种优势，用自身积累的资产，在乡村兴办了一批极具特色的乡镇企业。乡镇企业的发展，容纳了相当数量的农业转移人口，在一定程度上缓解了劳动力在农村过剩又无法进城就业的窘境，为解决农村剩余劳动力就业问题开辟了新路径。在农村就地兴办乡镇企业，使相当数量的农村剩余劳动力走上了"离土不离乡"的就业途径。二是向城镇尤其是向小城镇的转移和聚集，使得相当多的农民开始在城镇务工经商、安居乐业，并因此引发了 20 世纪 80 年代中后期"撤乡并镇"现象的出现。

2000 多万知青返城使城镇人口快速增长。1977 年中断了十年的高考得以恢复，中国人才培养步入正轨，也使城市人口迅速增加。但是十年浩劫使国民经济陷入低谷，困难重重，造成了城市就业压力剧增，政府财政不堪重负，农村劳动力转移重新起步，步履艰难。因此在这一阶段中，国家依然采取较为严格的政策限制农业剩余人口的乡城流动。1981 年 12 月 30 日，针对农业转移人口的《国务院关于严格控制农村劳动力进城做工和农业人口转为非农业人口的通知》出台，通知明确提出，要对城市的户籍和粮食管理进行严控，检查并清理在城市企事业单位务工的农民工。但随着农村劳动力的增多，党和政府在流动政策上有了些许松动，提出"要严格限制农村人口盲目地流入城市，企事业单位确实需要招工的，必须经过严格的程序。对于农村人口要迁入城市的，公安、劳动等部门要严格把关，要严格控制使用农村剩余劳动力"。[①]

（2）城镇化复苏和农业转移人口快速转移阶段（1984 — 1988 年）。

这一时期，农村家庭联产承包责任制逐步推开，打破了平均主义大锅饭的旧体制，包干到户和包产到户的方式极大地激发了农民生产积极性，被压抑的农业生产潜力集中爆发，农业劳动生产率大幅度提高，农村迅速摘掉贫困的帽子，农民开始走上致富奔小康的道路。随着农业生产的迅猛发展以及农民收入的提高，城镇化发展有了充裕的物质基础。乡镇企业如雨后春笋般地蓬勃发展起来，在中国农村掀起了工业化浪潮，进一步促进了小城镇的发展，因此，这一阶段也是城镇化复苏阶段。

改革的举措增加了农民的劳动热情，提高了农村劳动生产率，农产品产量大增，农村剩余劳动力由此产生。随着农业生产率的提高，国家取消了农产品统派统购任务，放松了禁止农民进城的政策壁垒，允许农民自理口粮进城谋生。城乡集市贸易进一步开放，乡镇企业在改革春风的吹拂下也应运而生，小城镇迎来了发展机遇期，随着城乡二元壁垒首次出现松动，众多农民为了改善生活水平，纷纷离开土地进入乡镇企业务工；也有的凭借吃苦耐劳的精神，散落在城市的各个角落谋生。涓滴溪流汇聚成海，为日后的农民进城大潮打开了一线可能。

1984 年颁布的《关于 1984 年农村工作的通知》，提出允许农民和集体的资金自由地或有组织地流动，不受地区限制。1984 年，乡镇企业的数目从上年的 134.6 万家增加到 606.5 万家，增长了 3.5 倍；乡镇企业就业人数也从上年的 3224.6 万人增加到 5208.1 万人，增长了 61%。此后一直到 1988 年，乡镇企业的就业人数连年增加，平均每年增长速度超过 24%。[②]

1985 年，《中共中央、国务院关于进一步活跃农村经济的十项政策》允许农村剩余劳动力在城市中务工或从事个体经营活动，为农民冲击城市服务业的

---

① 刘洪银，张红霞，崔宁 . 中国新生代农民工市民化：模式与治理 [M]. 天津：南开大学出版社，2014：30.

② 段娟，叶明勇 . 新中国成立以来农村剩余劳动力转移的历史回顾及启示 [J]. 党史文苑，2009(6)：4–7，11.

大门解除了政策上的限制，也为全国乡镇企业的发展提供了大量的劳动力。因此这项政策的出台，使得乡镇企业如雨后春笋般出现，在中华大地上催生了经典的"苏南模式""温州模式""深圳模式"。1985年7月13日出台的《关于城镇暂住人口管理的暂行规定》要求，对迁移到城市的流动人口实行办理"暂住证"和"寄住证"的政策。同时在长三角、珠三角等地逐步形成贸—工—农的生产结构。两种政策的效应互相叠加，很快催生了化学反应，引发了中国经济结构调整，促进了沿海地区对外贸易额飙升，带动了中国经济的发展，同时也促进了流动人口数量的快速攀升，第一次"民工潮"由此产生。1989年，"民工潮"的人口大军数量已达3000万人左右。

在这一时期，看似我国政府对于农业转移人口流动没有设计和规划，关于农业转移人口的政策和文件也很少。但是处于国家对外开放的初期，当制度壁垒固定下的城乡差别和改革开放催生的时代进步产生摩擦时，在制度设计之外，底层人民用脚投票会催动时代的进步，倒逼社会结构的调整。至此，中国社会转型期映照社会现实的特殊产物——农业转移人口群体，出乎所有人意料之外地登上了历史的舞台，并在我国创造举世瞩目的"中国奇迹"过程中扮演了重要的角色，发挥了关键的作用。

（3）城镇化缓慢发展与农村劳动力转移回落阶段（1989—1992年）。

这一时期国家开始了对乡镇企业的整顿，收紧了对乡镇企业的支持和优惠政策，导致乡镇企业数量有所减少，创造经济利润有所下降，农村劳动力转移进入"低潮期"。大量非农产业就业人员重新回归农业生产。1989年至1991年间的城镇化率只增长了0.73个百分点。

从1988年下半年开始，我国进入了为期三年的调整、整顿、改造和提高期，调整经济结构矛盾，减少基础设施建设，紧缩乡镇企业信贷规模，关停并转了一批高耗能、高污染、低产出的小企业，导致乡镇企业整体数量减少，创造利润降低，多数幸存乡镇企业面临严重的困难，为降低企业生产成本度过寒冬期，许多乡镇企业进行了大裁员，大量农村劳动力被清退。相应地，我国剩余劳动力转移速度也随之放缓。

前几年农民流动政策的逐步放宽，大量的农村剩余劳动力如潮水般涌入城市寻找工作机会，短时间内的人口暴增给城市社会造成巨大压力，为缓解城市人口压力，同时配合对乡镇企业的治理整顿，国家开始加强对"农转非"的宏观管理，调整了关于农民迁移的政策导向。1989 年 3 月，国务院办公厅印发《关于严格控制农民工盲目外出的紧急通知》，要求严格控制农民外出。为响应中央政策，同年 4 月，民政部、公安部联合颁布《关于进一步做好控制农民工盲目外流的通知》，通过甘肃省政府的报告，要求四川、江苏、浙江、河南、山东省政府采取有效措施，做好本省外流民工的劝阻工作。1989 年 10 月，《关于严格控制"农转非"过快增长的通知》指出，城市人口增长过快，要从宏观层面上进行调控，控制农民转变为城市居民的速度，使之与我国的经济发展速度相匹配。1991 年，国务院颁发《关于劝阻民工盲目去广东的通知》，要求"如没有签订续聘合同，要劝阻他们不要再盲目进粤寻找工作"。开始控制农民外出，劝阻农民不要在没有劳动合同的情况下盲目流动，这致使 1989 年至 1991 年期间，农民进城的状况出现拐点，我国第一个农业转移人口回流高峰期出现，农业劳动力占全社会劳动力的比重呈现回升态势。

2.城镇化快速发展和农业转移人口大规模跨区域转移阶段（1992 — 2002 年）

这一时期是市场化改革推动城镇化快速发展以及农村劳动力大规模跨区域转移时期。1992 年邓小平发表南方谈话后，我国改革开放进入了新阶段。同年 10 月，党的十四大召开，确定了建立社会主义市场经济体制的改革目标，我国进入了建设社会主义市场经济体制的新时期，以东南沿海城市化建设、工业化建设和普遍建立经济开发区为主要动力，市场发挥资源配置的基础作用逐步增强，城镇化发展迅速。十年间，中国城市化率由 1992 年的 27.46% 迅速提升到 2002 年的 37.66%，平均每年提高 1 个百分点以上。十年间城市综合承载能力与吸纳农村人口的能力大为增强，区域经济发展差距逐渐拉开，乡镇企业逐渐式微。根据拉推定律的作用，大批农村剩余劳动力由低工资地区向经济发达地区流动，寻找更好的工作机会。农村劳动力大规模跨区域流动引发了广为关注的"民工潮"。1992 年农村劳动力迁移到城市的人数已达到 3500 多万，1993 年一度增加到 6200 万，其中跨省流动达到 2200 万。1994 年，从农村转移出来的劳动力达到 7000 万，1995 年为 7500 万，而同期出省的农村劳动力人数为 2500 万～2800 万。[①]

随着我国城市化和工业化如火如荼地开展，城市就业机会大大增加，因此国家开始出台一系列政策措施，放宽对农民进城务工的条件限制，开启了中国农民工的大流动。1991 年，十四届三中全会通过了《关于建立社会主义市场经济体制的若干重大问题的决定》（以下简称《决定》），提出"妥善安排农村富余劳动力，是保持社会稳定的重大问题"，并做出指示，要求通过多种途径开辟农业劳动力转移的门路。把农村剩余劳动力就业问题提到了新高度。1992 年邓小平南方谈话解除了人们的思想顾虑，把我国改革开放推向新阶段，从而进一步推动了农村剩余劳动力的乡城转移。乡镇企业率先活跃起来，大量吸纳了农村剩余劳动力。1993 年 12 月，为推动劳动体制改革，劳动部依据十四届三中全会《决定》精神，研究制定了《关于建立社会主义市场经济体制时期劳动体制改革的总体设想》，提出建立新型劳动体制，加强统筹城乡劳动力；1993 年 4 月 1 日起，按照国务院《关于加快粮食流通体制改革的通知》精神，我国取消了粮票和油票，实行粮油商品敞开供应，农产品短缺时代结束，中国长达 38 年之久的"票证经济"宣告终结。消费品供应纳入市场化轨道，户籍制度和用工制度松动，农民获得了更大的流动自由。1993 年以后，劳动力区域转移速度加快。因此，1997 年 11 月，国务院办公厅转发《关于进一步做好组织民工有序流动工作的意见》提出，要充分认识做好组织农民有序流动工作的重要意义，要积极培育和发展劳动力市场，建立健全劳动力市场规划，引导和组织农民按需流动。

---

① 段娟，叶明勇. 新中国成立以来农村剩余劳动力转移的历史回顾及启示 [J]. 党史文苑，2009(6)：4-7，11.

3.统筹城乡发展的城镇化和农业转移人口流动平稳发展阶段(2002—2012年)

这一时期是以城乡统筹为主的城镇化加速发展阶段,农村剩余劳动力转移步入规范、公平、稳步加快轨道,用工荒与农业转移人口大规模流动同时并存,年轻的新生代农业转移人口成长起来加入了打工者大军,为产业工人群体注入了新鲜血液,这一时期新生代农业转移人口维权意识的萌生,与资本的强势产生了剧烈的碰撞,引发了多起社会事件,而政府的介入和推动充当了资方和工人之间的润滑剂,并出台了一系列方针和措施有效维护了新生代农业转移人口的权益,保障了社会的稳定和发展,推动了社会的改革和进步。而中央政府采取的一系列推进农业转移人口城市融入的政策措施表明,维护农业转移人口权益已经成为党和国家关注的重点,改善农业转移人口的城市生存状况已经成为全社会的共识。2002年至2012年期间,我国城镇化率由39.09%增长到52.57%,增长了13.48%,年均增长1.348个百分点。2011年,我国城镇化率由上年的49.95%增长到了51.83%,城镇化率超过50%,城镇人口由1978年的1.72亿人增加到6.9亿人,城镇人口首次超过农村人口,进入以城市社会为主体的新时期。

这一时期是劳资矛盾多发的时期。国家政策出台了相关政策,推动了社会进步发展。2003年,中共十六届三中全会提出了科学发展观,并把"统筹城乡发展"作为"五个统筹"的第一位加以提出。2006年3月,中共中央、国务院出台了《关于解决农民工问题的若干意见》,着力解决拖欠农业转移人口薪水问题。2007年,党的十七大报告深刻阐述了科学发展观,同时强调"走中国特色城镇化道路,按照统筹城乡、布局合理、节约土地、功能完善、以大带小的原则,促进大中小城市和小城镇协调发展""建立以工促农、以城带乡长效机制,形成城乡经济社会发展一体化新格局"。[①]2008年开始实施的《城乡规划法》中已经删除了关于"严格控制大城市规模"的提法,而是提出了大中小城

---

① 中共中央文献研究室. 十七大以来重要文献选编. 上[G]. 北京:中央文献出版社,2009:19.

市及小城镇协调发展的方针。这是实现城乡统筹发展的必然选择。2008年3月28日颁布的《国务院关于解决农民工问题的若干意见》，为保障农业转移人口合法权益，改善农业转移人口就业环境提出了相关意见。

2004年，我国东南沿海的加工制造企业出现缺工现象，被新闻媒体形象的形容为"民工荒"，这些劳动密集型企业对熟练技术工人的需求缺口达到10%以上。随着时间的推移，"民工荒"现象成为全国性的问题，农业转移人口输出大省也包含其中，而"民工荒"的出现并不意味着我国劳动力流动的刘易斯拐点已经到来，而是结构性用工荒。同时这一时期也是农业转移人口代际更替时期，第一代农业转移人口逐渐退出历史舞台回家务农，他们的子女——新生代农业转移人口逐渐成为农业转移人口的中坚力量。

2010年1月，中央一号文件首次明确提出，要"解决新生代农民工问题"，正式把新生代农业转移人口融入城市的问题提上了日程，加快了新生代农业转移人口融入城市的进程。2009年进城务工的劳动力比2006年净增1353万人，其中，30岁以下的劳动力增长2019万人，而30~40岁、40岁以上这两个年龄段的劳动力却分别减少了647万人和19万人。[1]可见，新生代农业转移人口已经成为城市浩浩荡荡的务工大军中的重要力量，成为农业转移人口融入城市的主要对象。新生代农业转移人口作为年轻一代，生于改革开放之后，无论在农村或城市长大，都没有务农经历，不曾品尝过生活的艰辛。他们学历较高，几乎都接受过九年义务教育，对新事物接受快，喜欢城市生活。虽然和父辈一样在城市务工，但是诉求却出现了明显的不同。对第一代农业转移人口来说，进城务工不过是提升家庭收入的方式，农村才是进可攻退可守的家园，他们对于城市没有归属感，除了在这里可以获得劳动收入之外也没有更多的诉求，即使受到了不公平的对待，也多是选择忍气吞声。但是新生代农业转移人口不同，他们对城市有归属感，却无法融入城市；他们渴望改变际遇，却在城市屡屡碰壁；

① 刘洪银，张红霞，崔宁.中国新生代农民工市民化：模式与治理[M].天津：南开大学出版社，2014：35.

他们希望摆脱农村，却被一纸户籍与农村绑定。因此，面对他们的梦想与困惑，如果没有良好通畅的社会上升机制，不处理好新生代农业转移人口融入城市问题，中国特色的新型城镇化道路就无法走通。因此 2011 年底，民政部出台了《关于促进农民工融入城市社区的意见》，旨在提升城市对农业转移人口的接纳程度。但这只是走出了第一步，促进新生代农业转移人口和谐融入城市，我们还有很长的路要走。

4. 以人为核心的新型城镇化和促进农业转移人口城市融入阶段（2012 年至今）

2012 年之后，中国经济出现了新特征，两位数的高增长速度宣告结束，个位数的中高速增长成为经济发展常态，服务业产值开始居于经济结构首位，劳动力增幅开始逐年递减，劳动力增长的刘易斯拐点开始出现，资源环境约束开始趋紧，中国经济调结构、转方式、稳增长的要求给农业转移人口带来了新的要求和契机。党的十八大以来，我国的农业转移人口市民化政策也发生了转向，面对转变经济结构和调整增长方式的问题，建立创新驱动型经济的目标要求对农业转移人口提出了更高的要求。为了适应经济社会发展新阶段，为了打造一支稳定的新型产业工人队伍，新时代我国的市民化政策也转为促进农业转移人口融入城市。

2012 年之后，我国开启了全面深化改革的阶段。新时代以来，党中央、国务院对于农业转移人口市民化同样高度重视，2014 年出台的《国家新型城镇化规划（2014—2020 年）》提出了以人为核心的新型城镇化战略。之后又出台了《国务院关于进一步推进户籍制度改革的意见》《国务院关于进一步做好为农民工服务工作的意见》等文件，从认识层面到具体政策体现都有了重要进步。在观念上扭转了以往以物为本的城镇化理念，转变为以人为核心的新型城镇化理念，将农业转移人口视为平等个体对待，强调要"有序推进农业转移人口市民化"，解决他们的切身利益问题，实现发展成果共享。在这种理念的指导下，我国的常住人口城镇化率和户籍城镇化率都得到了飞速提升，农业转移人口在城市的待遇也逐步提升，公共服务均等化、社会福利、社会保障覆盖率日益增加。国务院印发的《关于实施支持农业转移人口市民化若干财政政策的通知》（2016）、《关于统筹推进县域内城乡义务教育一体化改革发展的若干意见》（2016），国务院办公厅印发的《推动1亿非户籍人口在城市落户方案》（2016），人社部会同国家发展改革委等部门印发的《关于做好进城落户农民参加基本医疗保险和关系转移接续工作的办法》（2015），文化部等部门印发的《关于进一步做好为农民工文化服务工作的意见》（2016），以及2016年1月1日开始实行的《居住证暂行条例》，等等。[①] 一系列文件相继出台，中央开始从顶层设计的角度指导农业转移人口市民化，全方位地应对农业转移人口市民化困局。在中央政策的指引下，农业转移人口市民化快速推进，我国城镇化率从2013年的53.73%上升到2021年的64.72%，提高了10.99%，户籍人口城镇化率从2013年的27.6%提升到2021年的46.7%，提高了19.1%，实现了将近3亿人由农民到市民的户籍身份转变。

党的十九大之后，我国实现了全面小康社会，开启了对共同富裕的追求，对于农业转移人口市民化也从追求数量的提升转变为促进质量的提高。进入"十四五"时期，《国家新型城镇化规划（2021—2035年）》《"十四五"新型城镇化实施方案》《2022年新型城镇化和城乡融合发展重点任务》《中央财政农业转移人口市民化奖励资金管理办法》相继出台，农业转移人口市民化的顶层设计日趋成熟，体制机制日趋完善。随着市民化各项配套措施的出台和完善，城市门槛的降低和限制的减少，农业转移人口在城市不仅能够安心打拼，找到安身立命之所，也能看到全面融入城市的希望。

第二节　城镇化进程中农业转移人口城市融入取得的成就

城镇化程度是国家现代化的重要标志。我国城镇化率从建国初期的10.64%

---

① 王小章,冯婷. 从身份壁垒到市场性门槛：农民工政策40年 [J]. 浙江社会科学, 2018(1): 4-9.

提高到了 2022 年的 65.22%，超过世界平均水平，我国实现了 3 亿多农业转移人口由乡村到城市的转移，基本完成了农村剩余劳动力非农化的过程。尤其新时代以来，在以人为核心的新型城镇化理念的指导下，我国对于农业转移人口在城市的生存质量、融入程度、社会认同等的关注程度越来越高。城镇化程度是衡量现代化的重要标志，提高农业转移人口城市生存质量是实现中国式现代化的题中应有之义。新时代，我国常住人口城镇化率从 2012 年的 52.7% 提高到了 2022 年的 65.22%，超过世界平均水平，户籍人口城镇化率由 2012 年的 35% 提高到了 2021 年的 46.7%，尤其"十三五"时期，我国在稳步实现农业人口由乡村到城市转移的同时，有效提升了农业转移人口在城市的生存质量，农业转移人口城市融入取得了辉煌的成就。

一、实现发展理念的转变

在城镇化快速发展的过程中，地方政府一度把城市发展的重点放在城市空间扩张上，"重物不重人"，使得人口城镇化的速度滞后于土地城镇化，导致农业转移人口虽然在城市工作和居住，但是在户籍制度的限制下，无法享受城市的基本公共服务。党的十八届三中全会做出了全面深化改革的部署，这一轮改革更为注重改革的底色和发展的目的，强调"发展成果更多更公平惠及全体人民"，为这一时期的农业转移人口市民化政策逻辑奠定了基调。党中央、国务院对于弱势群体的农业转移人口市民化高度重视。2016 年政府工作报告提出了解决"三个 1 亿人"问题。这一时期的系列政策措施使农业转移人口市民化的政策体系不断完善。这一时期，中央和各级政府持续发力，真正转型成为服务型政府，以切实保障民生为目标，使各项改革措施加速落地。改革体制机制弊端，消除以户籍制度为核心的城乡二元体制的影响，让包括劳动力在内的生产要素价值最大化，让创造财富的源泉充分涌流，为农业转移人口创造一个良好的从农民工向产业工人进行职业转化的环境。在这种理念的指导下，我国的常住人口城镇化率和户籍城镇化率都得到了飞速提升，"十三五"时期，我国完成了 1 亿人城市落户，农业转移人口在城市的待遇也逐步提升，公共服务均等化程度、社会福利待遇、社会保障覆盖率日益增加。

二、城市落户门槛普遍降低

《中共中央关于全面深化改革若干重大问题的决定》（以下简称《决定》）明确提出："推进农业转移人口市民化，逐步把符合条件的农业转移人口转为城镇居民。创新人口管理，加快户籍制度改革，全面放开建制镇和小城市落户限制，有序放开中等城市落户限制，合理确定大城市落户条件，严格控制特大城市人口规模。稳步推进城镇基本公共服务常住人口全覆盖，把进城落户农民完全纳入城镇住房和社会保障体系，在农村参加的养老保险和医疗保险规范接入城镇社保体系。建立财政转移支付同农业转移人口市民化挂钩机制，从严合理供给城市建设用地，提高城市土地利用率。"① 党的十八届三中全会通过的《决定》对于农业转移人口市民化的表述，提出了迄今为止促进农业转移人口融入城镇的最明确的政策逻辑取向，明确了各等级城市户籍制度改革的进度，强调城镇基本公共服务常住人口覆盖，开启了农业转移人口融入城镇的新阶段。在这一清晰的政策逻辑取向的影响下，相关政策文件相继出台，实质性地提升了农业转移人口享受到的城镇公共服务水平。2014 年，国务院办公厅转发了提高农业转移人口保险统筹层次的文件，用制度保障和规范农业转移人口社保问题。2015 年，《中共中央国务院关于构建和谐劳动关系的意见》提出，构建和谐劳动关系的举措，致力于解决资本和劳动强弱失衡的问题。2016 年户籍改革全面启动，31 个省市自治区取消了城乡户口的区分，农业转移人口数量多的大城市虽然无法完全放开，但也开启了"积分落户"模式，给农业转移人口一个通过努力成为市民的希望和渠道。党的十九大的召开，建党百年的到来，我国顺利完成了实现全面小康的阶段目标，我国迎来了向第二个百年目标奋进、实现共同富裕的时代，对于农业转移人口来说，这也是加速市民化进程、加速融入城市、奔向美好生活的时代。2019 年，《关于促进劳动力和人才社会性流动体制机制

---

① 习近平.十八大以来重要文献选编.上 [M].北京：中央文献出版社，2014：525.

改革的意见》进一步为农业转移人口流动"松绑"，当年 1000 万以上农业转移人口落户城镇，2020 年顺利实现 1 亿农业转移人口在城镇落户。

三、基本公共服务明显改善

促进新生代农业转移人口融入城市，要落实的不仅仅是一纸户籍。放宽农业转移人口进城落户条件的意义，不仅在于解决户籍问题和身份归属，更重要的是解决户籍制度背后隐含的问题，实现公共服务均等化，确保新生代农业转移人口在城市和城市居民享受同样的福利、享有同等的权利。新时代，我国在改革户籍制度、降低落户门槛的同时，也在持续提升农业转移人享受的公共服务水平。在新生代农业转移人口子女的教育和发展权益方面，进一步落实"两为主"政策，解决新生代农业转移人口随迁子女接受教育的后顾之忧，减少农村留守儿童的数量。2020 年 3~5 岁随迁儿童入园率（含学前班）为 88.2%，比上年提高 2.1 个百分点。3~5 岁随迁儿童中，61.6% 在公办幼儿园或普惠性民办幼儿园。义务教育年龄段随迁儿童的在校率为 99.6%，比上年提高 0.2 个百分点。[①]在住房保障方面，保障农业转移人口能够享受城市的经济适用房、廉租房等住房福利，实现"住有所居"。多个城市建立住房保障机制，将符合条件的农业转移人口纳公租房保障范围，对于具备购房能力的农业转移人口，将其纳入住房公积金缴存范围，支持其通过申请住房公积金贷款买房。部分城市通过盘活存量，改善农业转移人口居住状况。在多管齐下的努力下，2020 年进城农民工人均居住面积达到了 21.7 平方米，比上年增加 0.2 平方米。生活条件也在继续改善，居住住房中有取暖设施的比重比上年提高 2.7 个百分点，住户中有电冰箱、洗衣机、洗澡设施的分别占 68.9%、70.8%、86.5%，分别比上年提高 1.9 个、2.7 个、1.1 个百分点；有独用厕所的占 71.7%，比上年提高 0.2 个百分点；能上网的占 95.6%，比上年提高 0.8 个百分点；拥有汽车（包括经营用车）的占 34.1%，比上年提高 3.3 个百分点。在社会保险方面，我国目前已经建立起全国统一的城

---

① 2021 年农民工监测调查报告 [N]. 中国信息报，2022–05–06(02).

乡居民基本养老保险制度，在整合城镇居民医保和新农合的基础上，建立了城乡居民基本医疗保险制度，实现城乡居民公平享有基本的养老、医疗保障权益，并在此基础上不断简化保跨制度、跨地区转移接续流程，保证农业转移人口在各地的权益完整、准确。

四、落户激励补偿政策稳步推进

在我国农业转移人口市民化的过程中存在土地资源和公共服务的空间供需错配问题，因此地方政府缺乏推进市民化进程的有效激励。而随着"人地钱挂钩"政策逐步落地，这一问题能够得到有效解决。2016 年，中央政府针对土地资源、公共服务等在不同区域间供需错配的问题，在《政府工作报告》中首次提出"人地钱挂钩"政策，将市民化奖励金的发放、建设用地的指标、基础设施的投资与市民化的数量、质量、进度相结合，试图建立"以人定地、钱随人走"的模式，建立健全农业转移人口市民化长效机制，以提高地方政府吸纳农业转移人口的积极性。之后河南、安徽、山东、浙江等地对政策的实施进行了有益探索，出台了政策性文件，并在部分县市进行试点。2021 年《关于支持浙江高质量发展建设共同富裕示范区的意见》中，中央专门强调要求"探索建立人地钱挂钩、以人定地、钱随人走制度"。"人地钱挂钩"模式能够解决市民化进程中财权、事权不匹配的问题，能够充分调动农业转移人口城市定居的积极性，能够激励地方政府为农业转移人口提供更优质的公共服务。在资金方面，农业转移人口市民化的巨额费用一直是制约市民化进程的瓶颈，因此国家发展改革委出台的《2019 年新型城镇化建设重点任务》要求，城区常住人口 100 万至 300 万的大城市要全面取消落户限制，城区常住人口 300 万至 500 万的大城市要全面放开放宽落户条件。配合文件要求，为了增加地方政府对于接纳农业转移人口的积极性，财政部于同年下达农业转移人口市民化奖励资金 300 亿元，到 2022 年累计下达 400 亿元，通过财政转移支付，对吸纳农业转移人口数量较多、规模较大的地区加大财政补贴，激励地方政府促进农业转移人口安家落户，对于财政困难地区给予资金倾斜，增强落实政策的财政保障能力，弥补提供公共服务、投资基础设施的资金缺口，缩小地区公共服务差距，促进基本公共服务均等化。同时对于农村"三权"的维护以及自愿有偿退出机制的推进也给了农业转移人口更多的保障，免除了市民化的后顾之忧。

第三节　新型城镇化进程中农业转移人口城市融入出现的问题

随着我国城镇化的高速发展，我国农业转移人口融入城市取得巨大成就，解决了1亿人城市落户问题，提升非户籍人口享受的公共服务水平，完善市民化推进模式，城镇化率呈稳定提升态势。但与此同时，市民化质量不高的问题仍然存在。"十四五"时期，推进农业转移人口市民化仍然面临着如何优化存量、更好地满足进城落户人员的需求、促使新市民融入和适应城市从而不断提升城市生存质量的问题。做大增量，使非户籍人口享受更多的城市公共服务，在城市拥有更多的平等权利，需要推进农业转移人口市民化向纵深发展，不断提升质量，提供更优质的服务，满足农业转移人口更加多样化的需求。

一、城市规模与人口吸纳能力不对称

城市经济学认为，人口数量和密度是衡量和判定城市发展规模和水平的重要指标。我国目前的城镇化发展模式，土地城镇化快于人口城镇化现象严重，很多城市脱离人口规模问题一味搞建设，但是城市缺乏产业支撑，无法有效解决农业转移人口的就业、居住和养老问题，依旧缺乏对农业转移人口的吸纳能力和吸引力。即便推行户籍新政，放开对户籍的限制，推出农村户口自由转成城市户口的政策，自愿落户的农业转移人口也寥寥无几。第一代农业转移人口进城务工是基于生存理性，新生代农业转移人口进城务工基于发展理性。他们并不仅仅在意一纸户口，而是更加看重城市能够给予他们的工资报酬、福利待遇以及发展前景。除了少数一二线大城市之外，中小城市和小城镇的户籍并不能带给居民实质性的福利，这些地区的城市户口含金量甚至不如农村户口，农村户口代表着耕地和宅基地，是农业转移人口生活的坚实保障。因此中小城市

和小城镇即便城市规划科学，环境绿化好，适宜居住，也无法吸引人口集聚。2022 年，中共中央办公厅、国务院办公厅印发了《关于推进以县城为重要载体的城镇化建设的意见》，旨在提升县城的承载能力，将大城市的农业转移人口分流到周边区域，但是缺少了一二线城市优质的公共服务、更多的就业机会、较高的收入水平，如何发展优势产业、增加县城就业岗位、完善消费基础设施、强化公共服务供给，形成对农业转移人口的吸引力，是推进以县城为载体的城镇化需要解决的问题。

二、城市新二元结构形成

在我国劳动力转移的现实进程中，进入城市的农业劳动力并没有全部及时进入工业部门（含服务业）主体领域，也没有随着工业技术的进步而获得技能增长，他们长期被排斥在经济发展的核心领域之外。这些被排斥的农业劳动力规模不断扩大，因此在发达城市内部形成了大量的低效率部门，并聚集在城市边缘，形成欠发达的连片区域，产生了城市内部的二元结构，也就是新二元结构。[1] 城市新二元结构是城乡二元结构在城市的延续。城乡二元结构指的是改革开放之前，由于历史原因，我国城乡之间人为构筑的控制人口流动、产业分工清楚、福利待遇迥异的体制。在城乡二元结构的影响下，我国城乡居民收入水平悬殊，享受公共服务差异明显。随着社会流动性的增强，农民流入城市变为农业转移人口，但是城乡二元制度并没有被突破，农业转移人口的农民身份并未改变，身份差异使得农业转移人口收入依旧低下，遭受就业歧视，无法和城市居民享受同等公共服务待遇，成为城市的边缘人，形成了城市新二元结构，使体制内外群体待遇日益悬殊。

城市新二元结构严重制约企业核心竞争力提升。在我国城市新二元结构模式下，我国农业转移人口的工资水平仅限于维持自身生活所需的生活资料的价值，只是对其体力的补偿，由于其从事的是低技术含量的劳动，工资不包括教

---

① 叶裕民，文爱平. 叶裕民：破解新二元结构 走向善治 [J]. 北京规划建设,2021(4):202–206.

育培训费用，劳动素质难以得到提升。改革开放以来，中国凭借农业转移人口廉价劳动力的低成本优势成为制造业大国，"中国制造"以物美价廉的优势占领了发达国家的消费品市场，中国一度有"世界工厂"之称。但是我国在国际产业链中处于低端位置，制造业产品附加值低，工人大多数从事简单劳动，只能得到微薄的薪水。新常态下，我国提出培育新的比较优势，参与国际产业分工重构。但是我国城市新二元结构模式严重阻碍了产业转型升级。中国从事制造业的工人大部分是农业转移人口，在"城市新二元结构"模式下，农业转移人口职业流动性大，职业转换频繁，制造业队伍不稳定，频繁换人不利于农业转移人口工作经验积累、熟练程度提高从而增强创新性，也导致了企业核心竞争力得不到提升，利润只能长期维持较低水平，农业转移人口工资也得不到提高。经济发展新常态下，我国低成本优势不断丧失，劳动力出现结构性紧张，我国经济结构调整要求变革生产要素，以技术进步推动产业升级，那么对人力资本的要求会日益提高。因此要求我国化解城市新二元结构矛盾，实现公平分配，如此才能建设一支稳定的制造工人队伍，提高劳动力职业技能素质，推动我国产业升级，增强产业竞争力。

三、半城市化模式难以为继

半城市化源自地理学概念，用在经济学中，特指不彻底的城市化状态。在我国特有的城乡二元制度模式下，半城市化表现为城镇化进程中农业转移人口生活在城市社会，却无法享受均等公共服务，无法在城市落户，不能完全融入城市社会的现象。我国由于城镇化发展的时代背景和国情条件的特殊性，形成了不同于西方发达国家的极具中国特色的"半城市化"模式。2021年全国常住人口城镇化率达到64.72%，而户籍人口城镇化率却只有46.7%。农业转移人口劳动属性和社会身份相割裂，长期来看，会给我国经济社会发展带来难以化解的矛盾。

半城市化会加剧我国消费需求不足的问题。随着我国进入经济发展新常态阶段，消费需求这一经济词汇作为优化经济结构的重要方面，逐渐成为经济社会发展的热词。随着我国经济发展，企业生产能力获得了普遍提高，我国社会由供给不足转为供给过剩，产出市场受到需求不足的困扰。而半城市化模式本身固有的生产和消费的结构性矛盾会加剧消费需求的问题。

大量农业转移人口作为生产者的身份进入城市，在普遍超时劳动的情况下，爆发出了惊人的生产力。中国劳动密集型、以制造加工为主的行业产量快速攀升至世界前列的位置。但是在半城市化模式下，农业转移人口处于城市社会的最底层，劳动力价格低廉，生活缺乏保障，农业转移人口的消费倾向显著低于城市居民平均水准。《2014年全国农民工监测调查报告》显示，外出农民工月均生活消费支出人均944元，月均居住支出人均445元，居住支出占生活消费支出的比重为47.1%[①]。可以看出，消费需求存在明显的不足。总需求和总供给不平衡会加大经济下行压力。2008年经济危机之前，我国可以通过出口借助全球市场强大的需求保持供需平衡，2008年以后，中国出口遭受较大的压力，国内消费需求不足的问题进一步凸显。出口、消费和投资是拉动经济增长的三驾马车，因此出口增长回落之时，我国采取了4万亿的投资计划填补供需缺口，拉动经济增长，遏制经济下滑趋势。但过度依赖投资副作用明显，我国经济深受由此引发的通货膨胀、投机炒作之害。经过疫情的影响，我国出口大幅回落，依靠出口拉动经济增加的模式难以为继，因此2020年我国提出了构建以国内大循环为主体、国内国际双循环相互促进的"双循环"新发展格局，而消费是经济循环的重要环节。2022年4月，国务院发展研究中心研究成果显示，进城农民工市民化将至少带来每年3万亿元内需增量。但是半城市化使得农业转移人口消费欲望较低，难以有效支撑国内大循环运行。

半城市化引发的消费需求不足问题是结构性矛盾，依赖出口实现供需平衡不切实际，依赖投资应对长期结构性矛盾无异于饮鸩止渴，只能使矛盾更加突出。要有效解决问题，只能回到问题本身，解决半城市化问题，改变生产多消费少的局面，才能有效缓解消费需求不足的问题，使消费需求逐步成为需求主体，实现供需平衡。

---

① 2014年全国农民工监测调查报告[N].中国信息报，2015-04-30(001).

第四章　新型城镇化进程中新生代农业转移人口城市融入的现实境遇

中国城镇化是规模巨大的城镇化，转移了 3 亿多农村人口，催生了我国特有的农业转移人口阶层。大规模的农业转移人口流动从 20 世纪 80 年代中期在中国出现，经过四十多年时间，第一代农业转移人口多数已经或即将退出产业工人队伍，新生代农业转移人口成为我国工人的主体，《2018 年全国农民工监测调查报告》显示，1980 年及以后出生的新生代农民工占全国农民工总量的51.5%，比上年提高 1.0 个百分点；老一代农民工占全国农民工总量的 48.5%。在新生代农民工中，"80 后"占 50.4%；"90 后"占 43.2%；"00 后"占 6.4%。[①]新型城镇化和促进农业转移人口城市融入的重点对象也转变为新生代农业转移人口。新生代农业转移人口具有和第一代农业转移人口迥异的群体特征，他们的利益诉求和对城市融入的需求比第一代农业转移人口更高。我国新型城镇化的终极目标是实现新生代农业转移人口城市融入，因此需要研究新生代农业转移人口的新特点和城市融入过程中出现的新问题，才能有的放矢的制定对策。

第一节　新生代农业转移人口的特点

作为出生于改革开放之后，成长于市场经济时代的群体，新生代农业转移人口成长时期，中国经济有了显著提高，人民生活得到极大改善，计划生育政策得到良好普及，因此他们大多成长于核心家庭，家庭的经济条件有了明显好转，新生代农业转移人口具有与第一代农业转移人口迥异的群体特征。

---

① 2018 年全国农民工监测调查报告 [N]. 中国信息报 , 2019–04–30(002).

一、人力资本素质整体较高

根据表 4-1 显示数据可知，新生代农业转移人口与第一代农业转移人口相比，文盲率（不识字或识字很少）大幅下降，从 2.2% 下降到微乎其微的 0.4%；小学及以下文化程度的新生代农业转移人口只有不到 10%，比第一代减少了 10%+；初中和高中文化程度的新老农业转移人口占比基本持平；但中专和大专及以上文化程度的新生代农业转移人口比第一代分别多了 6.9 和 5 个百分点；新生代农业转移人口参加职业培训的热情也比第一代有所提升。由此可见，随着义务教育的普及，绝大多数新生代农业转移人口（93.3%）完成了九年义务教育，达到了初中及以上文化程度，高中及以上文化程度更是达到了 28.9%。从总体上看，新生代农业转移人口比第一代农业转移人口受教育程度显著提高，人力资本素质整体较高。从微观上看，受教育程度也会影响新生代农业转移人口对未来发展的预期，提高他们对融入城市的渴望。

表 4-1 新生代农业转移人口的特征

人力资本特征		农村从业劳动力	外出农业转移人口	
			第一代农业转移人口	新生代农业转移人口
受教育年限 / 年		8.2	8.8	9.8
文化程度 / %	不识字或识字很少	6.6	2.2	0.4
	小学	24.5	16.7	6.3
	初中	52.4	65.2	64.4
	高中	11.2	12.4	13.5
	中专	3.1	2.1	9.0
	大专及以上	2.2	1.4	6.4
参加职业培训 / %		14.3	26.5	30.4

数据来源：新生代农民工基本情况研究课题组 . 新生代农民工的数量、结构和特点 [J]. 数据，2011(4)：68-70.

二、迁移动机转变为发展理性

第一代农业转移人口的迁移动机是生存理性，对于他们来说，外出打工的主要目的是改善生活，所以只要按时获得足额报酬，他们对于工作环境、劳动权益、发展空间都不做要求。但新生代农业转移人口受教育程度、成长环境以及都市生活方式的养成为他们创造了更为宽松的环境，他们的迁移动机已经由生存理性转变为发展理性，因此他们的择业标准与第一代农业转移人口也有很大不同。新生代农业转移人口的发展定位大多是城市，他们更加渴望获得身份认同、人格尊严、待遇公平，将就业作为一种向上跃迁的渠道，因此在对职业的选择上，除了工资报酬的因素之外，更加倾向于对工作环境、公司声望、开阔眼界、工作待遇、发展前景、社会地位的考量。当工作期望和现实状况产生差距时，就催生了新生代农业转移人口的高跳槽率。同时，新生代农业转移人口具有基本的法律常识和对政策的理解力，维护自身权益的意识也比较强烈，当权益得不到有效保障时，他们会通过法律等手段进行维权，而不是像第一代农业转移人口那样忍气吞声地接受不公的对待，少数人甚至会采取极端的方式，如跳楼、罢工、上街抗议、围堵政府等行为为自己"讨回公道"。

第一代农业转移人口的打工目的是基于生存需求，只要按时获得工资，人身安全能够得到保障，他们就能够安于现状、安心打工。所以第一代农业转移人口只是被动维权，利益诉求表现为讨要薪资、保障生产安全。而新生代农业转移人口会更加积极主动地表达自己的诉求，争取自己的合法权益，由被动维权向积极地表达利益诉求转变。但当新生代农业转移人口表达利益诉求的正常渠道受阻时，他们会通过互联网等平台发表言论来争取自己的权益。

三、具有强烈城市融入意愿

新生代农业转移人口的城市认同感和第一代农业转移人口相比有很大区别，第一代农业转移人口更倾向于认为城市只是打工挣钱，获得额外收入改善家用的地方，即便多年在城市务工和居住，也只认为自己是城市的过客。但是新生代农业转移人口在生活方式、成长经历、消费习惯、思维方式上和城市青年更加接近，他们大多数已经完全脱离农业生产，没有务农经历，比较排斥自己的农民身份，他们不再具有第一代农业转移人口"亦工亦农"的兼业性质，而是更倾向认同产业工人的定位，他们向市民角色转变的意愿强烈，渴望融入城市，在城市定居，获得城市居民的身份。对于他们来说，进城务工不仅仅是获得收入、改善家境的方式，更加是他们在城市安身立命，谋求长久发展的依托。他们对城市的适应性更强，城市中的新鲜事物对他们有很强的吸引力，他们度过闲暇时间的方式和城市青年接近。但是由于新生代农业转移人口对城市的期望值更高，他们对城市的满意度、舒适感相比第一代农业转移人口有所下降，城市的娱乐项目虽然丰富，但是他们却很少涉足，业余生活比较平淡。城市的发展机会虽然多，但是对他们来说却像是镜花水月。新生代农业转移人口年纪不大，经历贫乏，心理上不成熟，思想上容易波动，融入城市的强烈愿望遭受挫折后，容易苦恼和彷徨。

四、具有城乡双重边缘性

对第一代农业转移人口来说，打工只是务农之余赚取辅助性收入的方式，自己的根还是在农村，务农才是主要职业。但新生代农业转移人口很大一部分在城市长大，没有接触过农村，生活经历更接近于城市的同龄人。即使出生在农村，由于一直在接受教育，离开学校之后即进入工厂打工，没有务农经历，缺乏农业生产的技术技能，不熟悉农业生产也不喜欢农村生活，传统的农民式的"亲属老乡网络"已经被他们抛弃。比起第一代农业转移人口对"农民"身份的认同、对农村的归属感，新生代农业转移人口比较排斥这样的身份，不接受农村的生活方式，他们虽然具有农村户籍，但却不是传统意义上的农业人口，在乡土社会中处于边缘位置。

虽然新生代农业转移人口更倾向于认同自己属于城市，认同自己的"工人"身份。社会关系也逐渐转向都市型的同学同事网络。但是作为农民的后代，他们的身上仍然保留了很多农民的特质。中国现存的"农业转移人口生产体制"拆分了劳动力再生产的社会保障以及保证劳动力日常生活的基本要求，使新生代农业转移人口在都市扎根的愿望破灭，阻塞了新生代农业转移人口向上流动的社会渠道，使得新生代农业转移人口在城市中也被边缘化。

五、具有更强烈的维权意识

新生代农业转移人口在价值追求、生活标准、人生态度方面与传统农业转移人口有较大差异，他们有更加执着的"城市梦"，对权益保障的追求已经不仅局限于经济利益的范畴，而是涉及政治层面，对造成农业转移人口不公平待遇的体制提出了强烈的改革要求。

新生代农业转移人口比第一代农业转移人口文化素质要高，对人格尊严和权利平等的需求也比第一代农业转移人口更为迫切，因此，即使打工的工资收入较为丰厚，企业内部不规范的制度安排、不平等的劳资关系、歧视性的社会制度这些难以突破的"天花板顶棚"都会引发他们不满情绪的爆发和反抗行为的产生。新生代农业转移人口对推动企业改组或建立能够代表工人利益的工会表达出了强烈的意愿，"他们的利益诉求与制度诉求直接挑战了现有的规制方式和工厂政体，迫使政府和企业部分地对其行动做出实质性回应，例如，加薪、重组工会、落实工资集体协商制度等"。[①]2012年以新生代农业转移人口为主体的欧姆停工事件，实现了薪资集体协商制度，促使了工会直选在珠江三角洲地区的蓬勃发展。

由于现行的城乡分割二元化户籍制度，新生代农业转移人口尽管工作、生活在城市，为城市建设付出了青春岁月，但是仍然无法获得城市户籍，更加无法享受城市户籍代表的医疗、养老、经济适用房等社会福利和保障政策，他们的后代也无法和城市的儿童一样获得平等的教育权利。许多新生代农业转移人口已经意识到，造成这些不公的根源是制度，因此，除了传统的按时支付工资、提供安全的劳动环境诉求之外，他们对户籍制度带来的不公待遇也提出了改革的诉求，这种变化触及了现行制度的缺陷，超越了政府传统的政策性措施能解

① 清华大学"新生代农民工研究"课题组. 新生代农民工的困境与出路 [J]. 传承 ,2012(11):
82–84.

决的范畴，呼唤深层次的体制变革。

六、表达利益诉求方式多样化

比起第一代农业转移人口，新生代农业转移人口表达利益诉求的渠道更加广泛。面对恶劣的工作环境和微薄的薪金待遇，新生代农业转移人口会以"短工化"的离职方式表达不满和抗议。新生代农业转移人口更换工作的周期为八个月，而第一代农业转移人口则为两年。随着网络的快速发展和移动终端的普及应用，新生代农业转移人口开始通过新媒体，在微博、论坛等公共空间发声，争夺属于农业转移人口阶层的话语权。第一代农业转移人口的权益受到损害时，倾向于向政府寻求帮助，而新生代农业转移人口遇到问题时则倾向于积极利用网络，查询相关的法律法规以及政策措施用以维护自己的合法权益，同时通过网络传播渠道，如微信、QQ等表达利益诉求。

由于权力和资本的强势，劳资关系失衡，新生代农业转移人口又缺乏制度性组织，所以他们的利益诉求很难得到回应。在这种情况下，少数新生代农业转移人口会组成帮派团体参与群体恶性事件表达不满。如2011年广东增城事件帮派介入劳工抗争导致大规模骚乱。对此，同情农业转移人口的劳工NGO、律师、学者和高校学生等社会力量，以新生代农业转移人口中的积极分子为核心，以不断发生的劳工集体维权事件为契机，逐渐形成跨界的社会团体，代替农业转移人口发声，为农业转移人口群体表达利益诉求，争取合法权益。

第二节　新生代农业转移人口城市融入的现状

与第一代农业转移人口相比，新生代农业转移人口在群体特征等方面发生了许多变化，但由于身份限制，他们在城市中依然处于边缘位置。这就决定了新生代农业转移人口在城市社会资源的分配中依然处于弱势地位，他们在获取工作上要难于城市居民，获得的工资报酬要明显低于城市居民，社会保障状况更是不容乐观，住房状况也亟须改善。

一、新生代农业转移人口城市融入程度测度

2021 年，我国城镇化率已经达到 64.72%，然而这只是常住人口城镇化率，只能反映城镇化转移的农村剩余劳动力人数，真正反映我国城市融入程度的是户籍城镇化率。根据国家发展改革委印发的《2022 年新型城镇化和城乡融合发展重点任务》显示，我国 2021 年户籍城镇化率只有 46.7%。虽然比 2020 年提高了 1.3 个百分点，但是也显示了城镇生活的农业转移人口只有大概一半实现了城市融入。在具体的测算上，我国学者采用不同指标对不同时期的新生代农业转移人口城市融入程度进行了测度。新生代农业转移人口城市融入研究早期，刘传江等从职业、身份、素质和行为几个方面测算出新生代农民工市民化的程度是 45.53%[1]。2013 年，李荣彬等采用经济、居住、政治参与、社会关系、心理认同几方面的数据得出了 50.18% 的市民化水平。[2]2018 年，刘杰、张红艳和陈政基于人力资本与社会资本耦合的视角，通过 biprobit 模型，得出新生代农民工市民化程度达到 53.9% 的结论。[3]2021 年，刘静和张锦华采用需求可识别双变量 Probit 和 HLM 模型测度，认为我国农民工市民化程度较低，仅为 46.05%。[4] 虽然此研究对象为全体农业转移人口，但是由于新生代农业转移人口已经成为农业转移人口的主体，可以作为体现新生代农业转移人口城市融入程度的参考数据。因此可见，早期和近期的研究无一例外得出了新生代农业转移人口处于"半市民化"水平的结论。目前仍然有超过半数的新生代农业转移人口生活在城市的边缘地带，处于无力融入城市、也无法回归乡村的尴尬境地。城市本应是开放包容的现代化人口聚居地，但是为城市发展做出卓越贡献的新

---

① 刘传江，程建林，董延芳 . 中国第二代农民工研究 [M]. 济南：山东人民出版社，2009：130.

② 李荣彬，袁城，王国宏，等 . 新生代农民工市民化水平的现状及影响因素分析：基于我国 106 个城市调查数据的实证研究 [J]. 青年研究，2013 (1): 1–11, 94.

③ 刘杰，张红艳，陈政 . 新生代农民工市民化程度的测度及其影响因素：基于人力资本与社会资本耦合的视角 [J]. 长沙大学学报，2018, 32(4): 48–50.

④ 刘静，张锦华 . 城市异质影响下的农民工市民化程度：基于需求可识别双变量 Probit 和 HLM 模型的测度与分析 [J]. 浙江社会科学，2021(10): 63–71, 80, 157.

生代农业转移人口却只能忍受城市的歧视和排斥。

二、新生代农业转移人口城市就业状况

1.就业结构有所改变

在就业结构方面，2020年北京市外来新生代农业转移人口从事居民服务、修理和其他服务业的比重为18.1%，从事制造业的比重为15.6%，从事建筑业的比重为13.1%，从事批发和零售业的比重为12.1%，从事住宿和餐饮业的比重为8.3%。除了这五大行业之外，从事信息传输、软件和信息技术服务业的新生代农民工比例为7.9%，比上年提高3.7个百分点。[①] 第一代农业转移人口由于职业技能有限，因此大多数从事只需要体力，不要求技术的建筑业。但是新生代农业转移人口的就业结构已经发生了很大改变，对于他们来说建筑业脏、累、安全系数低，他们不愿从事这样的体力活，而是转向相对轻松的服务业。然而可以看出,由于从整个社会层面来说,新生代农业转移人口受教育水平依然较低,而且没有一技之长，因此大多数人仍然只能从事劳动密集型行业，依旧处于就业市场的低端。然而新生代农业转移人口还是有了更多的可选择范围。他们工作的行业开始由建筑、搬运、加工制造业向服务业和个体行业扩展。之所以出现这种趋势，原因有三：首先，得益于我国经济转型和体制改革，政策愈加宽松，能够为新生代农业转移人口提供更多的就业岗位和机会；其次，与新生代农业转移人口的人力资本水平提升有关,新生代农业转移人口的文化教育素养提升，因此在进行职业选择时眼光水涨船高，希望选择技术含量更高、更体面的工作；最后，新生代农业转移人口中女性劳动者比例有了较高增长，她们不能够从事劳动强度太大的建筑业，只能选择相对较为轻松的服务业。

在职位构成方面，一部分新生代农业转移人口通过职业技术教育获得一技之长，经过在工作岗位上的不懈努力，成长为企业必不可少的熟练技术工人，

---

① 2020年北京市外来新生代农民工监测报告 [EB/OL].https://www.beijing.gov.cn/gongkai/shuju/sjjd/202107/t20210705_2428703.html?ivk_sa=1023197a.

并开始从事中下层管理人员的工作，这与第一代农业转移人口相比是很大的进步。这说明一部分新生代农业转移人口经过自身的努力，已经具有了城市融入的经济能力和社会交往能力。在技能上他们的职业技能水平得到了提升，在企业中他们的组织管理能力得到了认可，一部分新生代农业转移人口实现了进入城市的自我提升和职业发展目标。这类新生代农业转移人口往往有目标、有规划、有行动力，他们积累更多的工作和社会经验，为将来的发展"投资"。但是，更多的新生代农业转移人口由于缺乏职业技能，只能找到薪水少、待遇差的工作，但是他们对薪资待遇和职业发展又有不切实际的期望，或是辞职随意性较大，更换工作频繁，造成恶性循环，使新生代农业转移人口的处境更加不利。

2. 工资收入仍然偏低

在城市安身立命，经济收入是最大的问题。对于新生代农业转移人口来说，工资收入是他们主要甚至唯一的收入来源，工资收入是与就业紧密联系在一起的，好的工作对教育水平和职业技能要求较高，大多数新生代农业转移人口难以企及，因此只能找到低收入工作。收入低对新生代农业转移人口在城市的生存和发展造成了极大的压力。《2022 年全国农民工监测调查报告》显示，农民工人均月收入 4615 元，其中中部地区农民工人均月收入 4386 元，西部地区农民工人均月收入 4238 元，略低于农民工人均收入。[1] 近年来，我国农业转移人口工资持续增长，农业转移人口就业较多的六大行业收入均保持增长，有效提升了农业转移人口的薪资待遇。但是根据统计局数据，2022 年城镇居民人均可支配收入 49283 元。由此可以计算出，城镇居民人均可支配月收入 4107 元。农业转移人口人均收入只比城镇居民人均可支配月收入略高，对于家庭负担沉重的农业转移人口来说，人均收入依旧不足以支撑成本高昂的城市生活。工资报酬偏低一直是农业转移人口面临的一个严重问题，也是严重阻碍新生代农业转移人口群体城市融入进程的重要因素。虽然近年来政府一直致力于提高新生代农业转移人口的工资水平，出台了各种政策和措施，如提高最低工资标准、加

---

① 2022 年全国农民工监测调查报告 [J]. 建筑，2023(5): 92-95.

大企业监管力度，但是由于新生代农业转移人口工资起点太低、技能水平不高等因素，他们的收入与城市正式职工相比，差距仍然较大。以中国现今的城市生活水准，4615 元只能维持基本的生存需求，距离在城市安居乐业，还有很大的差距。中国目前步入劳动关系矛盾多发阶段，其中相当一部分劳动争议都是由劳动报酬引发的。造成这一问题的原因除了新生代农业转移人口人力资本水平较低的主观因素，客观因素主要是因为城乡二元劳动力市场的存在，劳动者所在的劳动力市场决定着他们的收入状况，在主要劳动力市场中的就业者收入高，而在次要劳动力市场中的就业者则收入低。我国的城市职工与农业转移人口分属于两个不同的劳动力市场，因此收入差别较大。与父辈工作性质类似的是，新生代农业转移人口所从事的工作属于劳动密集型行业，比父辈略高的教育水平并没有引发工作层次提升的质变，因此新生代农业转移人口工资的增长更多的是对他们年轻时光的购买，而不是基于他们职业技能水平的提升和工作能力贡献的认可。所以，新生代农业转移人口的职业地位和薪资待遇并没有得到质的飞跃，仍然像父辈一样处于工资报酬偏低的境地，某些情况下比第一代农业转移人口工资还要低，甚至低于当地最低工资标准。

3. 工资拖欠问题依然存在

农业转移人口工资被拖欠在我国社会属于"老生常谈"的问题，自从举国震动的"总理讨薪"事件后，我国政府出台了一系列相关政策对其加以解决，各地政府也采取了一系列措施集中整治和解决农业转移人口讨薪难的问题。但农业转移人口讨薪难仍是一个现实问题。这个问题在新生代农业转移人口中也广泛存在，并且出现了一些新的特点。由于技能和户籍的限制，新生代农业转移人口同其父辈一样，就业范围仍然主要集中在非正规就业部门的劳动密集型行业，如建筑、搬运、加工制造和服务业等，这些工作在生产和经营方面并不十分规范，尤其建筑业，工期时间长，回款速度慢，往往采取的是先工作，工期结束再一次性结清工资的方式，容易出现工资拖欠的情况。虽然与父辈面临的情况并无二致，但是新生代农业转移人口群体的新特点决定了他们处理问题方式的新特性。新生代农业转移人口整体教育水平相对较高，他们对国家政策和大政方针更加熟悉，因此他们对权利平等的渴求较为迫切，维权意识更加强烈，在维权方式的选择上也更倾向于通过社会普遍认可的方式来保障自己的权益。但是比起第一代农业转移人口，新生代农业转移人口年纪较轻，心理忍受能力较低，所以部分人在遇到不公对待时也会因为一时冲动做出过激的事情。随着智能终端的普及，新生代农业转移人口利用手机和计算机网络等现代技术的能力大大增强，一些走在潮流前线的新生代农业转移人口会选择网络维权，但是如果他们维权不当，会引发其他一些社会问题，造成不良影响。新生代农业转移人口的工资拖欠问题会引发出其他一系列问题，体现出不确定性的特点，需要引起政府更多的重视和妥善的解决。

4. 实际收入增长有限

目前我国最低工资水平一直在增长，看似新生代农业转移人口的收入水平得到了提升，但是其实收入有名义收入和实际收入之分，如果考虑到市场因素的变化和新生代农业转移人口群体的新需求，他们的实际收入增长其实极为有限。我国目前经济发展迅速，物价上涨较快，生活成本不断提高，尤其房价居高不下，比起不断增加的开支，新生代农业转移人口的工资增长甚至无法跑赢通货膨胀的速度。新生代农业转移人口作为农业转移人口群体中的新新人类，他们的需求与其父辈相比发生了很大的变化。第一代农业转移人口城市务工的目的是"经济型"，是为了改善家庭经济状况，所以会尽量减少需求压缩开支；新生代农业转移人口表现为"经济型"和"生活型"并存或"生活型"，但是他们的收入增长并不能支撑生活型的消费需求，自己的合理需求得不到满足，就会出现苦闷心理，使得新生代农业转移人口在城市的生存状况不容乐观。

5. 就业稳定性差

就业是民生之本。新生代农业转移人口的就业情况决定着他们能否在城市中生活和生存下去，也为他们在城市中的发展提供着物质支持。从 2008 年开始，我国部分地区和行业出现了"用工荒"现象，理论上讲，新生代农业转移人口就业不应该是一件困难的事，但是我国的"用工荒"是结构性用工荒，并非工作职位供过于求。新生代农业转移人口由于其低技能水平和高期望值之间的矛盾，就业不稳定性是客观存在的。根据李泽媛、郑军、张务伟 2018 年的调研数据显示，就业稳定性方面，新生代农民工在当前就业单位工作时间平均为 3~4 年，整体稳定性欠佳。 对于"3 年共更换过几个就业城市"这一问题，显示中部地区新生代农民工的就业城市调整频率最高，3 年内平均更换 0.73 个（城市），其次是西部地区，分别高出东部地区同一指标的 14% 和 8%；新生代农民工对于"3 年共更换过几个就业单位"的问题，纷纷表示他们尽量避免频繁更换单位，3 年内平均更换过 1~2 次就业单位，地区之间差异不大。① 新生代农业转移人口辞职的原因是因为对工资或待遇不满、对工作环境不满、工作缺乏上升空间、工作无聊。从这些辞职原因可以看出，新生代农业转移人口在选择工作时，自我意识增强。当他们的目的或需求得不到满足时，不会再像父辈那样委曲求全，而是通过换工作来表达不满，实现自身的目的。

6.获取信息能力较强

新生代农业转移人口更多地倾向于选择留在城市发展，城市生活日新月异，优胜劣汰的生存法则在城市中体现得淋漓尽致，只有保持不断学习才能融入城市生活，越来越多的新生代农业转移人口已经充分认识到了这一点。新生代农业转移人口受教育程度普遍偏高，近 50% 完成了九年义务教育，但是这样的知识程度和知识结构在人才济济的城市中，竞争力也是不够的，既成的资源分配格局导致了农业转移人口一定程度的先天弱信息能力。成千上百万农业转移人口不断涌向都市，他们进入了一个规则秩序的社会环境，先天弱信息能力会对务工造成了阻碍。第一代农业转移人口已经为城市付出了大半生，对他们而言再通过学习去得到学历和职称来增加自己的竞争优势，这几乎是不可能的。而新生代农业转移人口每天要靠加班才能维持生存，对他们而言，能够挤出时间

---

① 李泽媛,郑军,张务伟.新生代农民工就业质量的区域差异[J].当代青年研究,2021(6): 100–107.

进行业余学习的也是寥寥无几。城市是一个信息引导生活的区域，农业转移人口必须不断适应高速发展的信息爆炸时代、学习都市生存和生活规则，必须在繁重的工作之余抽出精力和金钱参加技能培训和进修，来提高自己的竞争力，以不被城市淘汰。为了扩展自己的信息生活范围，绝大部分新生代农业转移人口选择进入网络获得信息生活，这是最便利和现实的选择，也是主流的选择。还有一些农业转移人口选择了业余时间参加培训学习来改善自己的技能结构，这些都有效地提高了农业转移人口的信息能力。

三、新生代农业转移人口劳动关系状况

1. 短期劳动合同签约率较高

劳动合同是证明劳动者与用人单位存在劳动关系的有效凭证，在劳动者和企业出现纠纷时，合理的劳动合同是对劳动者的有效保护，以劳动合同为依据，劳动者可以通过法律途径维护自身的合法利益。因此我国的《劳动法》和《劳动合同法》规定，劳动关系双方当事人应当建立劳动合同。劳动合同作为保障员工权利的有力工具值得关注，在就业单位签订的劳动合同类型方面，新生代农民工中有近五成人员与就业单位签订以完成一定任务量为期限的劳动合同，这是目前签订率最高的劳动合同类型，相对而言，固定期限合同的签订率最低。西部地区任务量期限合同签订率最高，为 46.04%，高出东部地区 7 个百分点（43.15%），中部地区签订比例为 45.93%；同时，西部地区固定期限合同的签订比例仍然最高，为 7.55%，东部地区最低，为 5.99%，但是都普遍较低。东部地区聘用合同的签订率最高，为 23.84%，西部地区为东部地区的 80%，中部地区仅为东部地区的 73%。[①] 新生代农业转移人口长期劳动合同签订率低，固然有企业用工不规范的原因，但是和新生代农业转移人口流动性强、离职率高也有很大关系。

---

① 李泽媛, 郑军, 张务伟. 新生代农民工就业质量的区域差异 [J]. 当代青年研究，2021(6): 100–107.

2.社会保障权益缺失

社会保障是国家或社会依法建立的、具有经济福利性、社会化的国民生活保障体系，社会保障主要包括社会保险、社会救助、社会福利三方面的内容。社会保障制度具有普遍性原则，根据这条原则，在理论上全体国民都应该有权利享受政府提供的均等的社会保障服务，新生代农业转移人口作为城市的建设者，为我国社会主义市场经济发展贡献了巨大的力量，理应被覆盖在内。但是由于户籍身份的限制，新生代农业转移人口却并未被纳入城市社会保障体系中。党的十八大以来，农业转移人口的社会保障问题越来越受到人们的重视，我国政府也出台了相关政策来解决这个问题，但是农业转移人口社保制度和法规要落后于新生代农业转移人口队伍的发展和实际需求，部分地区做出了将一部分符合条件的农业转移人口纳入城市社会保障体系的尝试，但是我国城市公共服务尚未覆盖全部城市常住人口，非户籍人口在教育、住房、社保方面未能享受城市公共服务。农业转移人口流入城市的教育资源较为稀缺，公办学校普遍面临校舍不足、教师不足的问题，有限的学位供给户籍人口尚显紧张，对于随迁子女往往设置了较高的准入门槛。城市公租房也仅针对本地户籍人口提供，非户籍农业转移人口被一纸户籍挡在城市公租房之外，居住状况无法得到有效改善。农业转移人口流动性较大，对社保异地转移接续要求较高，但是目前我国社保异地转移接续渠道不畅，不同地区有关政策协调性不够。目前各省基本公共服务差异较大，医疗保险、职工社会保险统筹层次都在省级以下，企业职工养老保险接续不畅，异地结算范围有限，致使政策较难落地。

在社会保险方面，新生代农业转移人口社会保险的参保率中，医疗比例最高，生育保险最低，具体参保率分别为：医疗保险 81.5%、工伤保险 61.3%、养老保险 51.6%、失业保险 9.8%、生育保险 7.1%。[1] 新生代农业转移人口参与社会保障水平与用人单位对职工的参保意愿有很大关系。虽然根据我国现行规定，用人单位有义务为职工提供参保服务，但是以我国现行标准，企业为职工

---

① 王同信，翟玉娟.深圳新生代农民工调查报告 [M].北京：中国法制出版社，2013：55.

缴纳保费负担较重，严重挤占利润空间，企业提供参保服务积极性不高。医疗保险和工伤保险之所以参保率较高，是企业为了规避劳动者出现疾病、工伤时资方需要承担的法律责任。在医疗保险方面，我国新生代农业转移人口与第一代农业转移人口一样，可以选择参加城镇职工医疗保险、城镇居民医疗保险或户籍所在地的新型农村合作医疗保险，理论上讲，这些选择可以满足不同层次农业转移人口的医疗需求，但实际操作中的跨地区转移接续难以实现，新生代农业转移人口在生病时很难享受到这一政策的实惠。同样，我国新生代农业转移人口在发生工伤事故后，也只有为数不多的人能够拿到工伤保险规定的补偿，并且我国的工伤保险立法关注的也仍然是待遇补偿，预防和康复功能未能给予应有的重视。失业保险在我国发展只是处于起步阶段，生育保险更是一片空白，从新生代农业转移人口的需求和群体特点出发，加快这方面社会保险的建设已是刻不容缓。

社会救助是国家或社会提出的一种社会保障政策，其主要目的在于对社会弱势群体提供接济和帮助，保障生活贫困和遭遇不幸者的最低生存底线。但是由于城乡二元化的体制，目前我国的城市和农村的社会救助各成体系。新生代农业转移人口虽然生活在城市，但是他们的户籍依旧在农村，户籍所在地和居住地的分离使得他们即使符合救助条件，在实际操作中也很难得到救助，因此这种状况形成了对新生代农业转移人口社会保障权益的剥夺。

我国社会福利"城有乡无"的城乡二元特点也非常显著。城市居民拥有的社会福利主要包括职工福利和公共福利两个方面。不仅新生代农业转移人口，全部农村户籍的居民都被隔离在社会福利体系之外。近年来，虽然我国政府致力于弥补农业转移人口社会福利和服务供给的空白，但是由于财力有限，新生代农业转移人口的社会福利状况并未得到有效改善。

3.职业安全形势严峻

新生代农业转移人口职业安全形势比较严峻，工作环境存在不少职业危害因素。工作健康用身体健康安全性（处于伤及肢体的隐患及有毒化学物质危害的工作环境为安全性小）的 5 级量表表示，1 为安全性最小，5 为安全性最大；风险暴露程度用工作环境舒适度（处在高温、低温、噪音、粉尘污染的工作岗位舒适度小）的 5 级量表表示，1 即舒适度最小，5 即舒适度最大。东部地区工作对身体健康安全的数值为 3.10，中、西部地区分别为 3.11 和 3.09，地区间相差不大。工作环境舒适度的调查显示，我国新生代农民工就业单位的工作环境舒适程度普遍较低，平均不足 3.00。[①] 很多新生代农业转移人口安全意识不足，对工作环境的危害性没有足够的认识和了解，对于在危险环境下作业的相关保护政策不了解，企业本身为了缩减成本，获取更多利益，也没有动力对新生代农业转移人口进行宣传和保护，因为一旦新生代农业转移人口知道了环境对健康的危害以及国家的保护政策，企业就要进行相应的防护以及补偿，增加企业负担，甚至有企业故意隐瞒职业危害因素，出了问题也百般抵赖、极力掩盖，以此来逃避赔偿，使得农业转移人口的权益甚至人身安全受到了极大的损害。

4. 工会化组织程度仍然偏低

工会是劳动者以共同的利益为基础，自发组织、自愿参加的功能性组织团体，工会成立的主要目的在于帮助劳动者维护自身的劳动、经济、政治权益，代替劳动者与资方谈判，增强劳动者在薪酬待遇、工作时长等方面的议价能力。对新生代农业转移人口而言，参加工会有助于提升他们与资方博弈的能力，解决他们所遭遇的就业歧视、工资拖欠和社会保障权益缺失等问题。全国总工会于 2004 年 10 月下发了《关于组织各种所有制企业、事业单位及机关的劳务工加入工会的通知》，其中明确要求把各类务工人员纳入工会中来。然而根据相关调查，其中知道所在单位没有工会组织的新生代农民工占 47.3%，知道所在单位有工会组织的新生代农民工占 26.6%，不清楚有没有工会组织的占 26.1%。在与所在工作单位是否有工会的情况对比后，发现有条件参加工会的新生代农

---

① 李泽媛，郑军，张务伟. 新生代农民工就业质量的区域差异 [J]. 当代青年研究，2021(6): 100–107.

民工仍有 87.2% 没有参加工会。①2022 年加入工会组织的进城农民工占已就业进城农民工的比重为 16.1%。在已加入工会的农民工中，参加过工会活动的占82.0%。②这说明与新生代农业转移人口的需求相比，我国的工会制度建设相对滞后，没有有效地满足新生代农业转移人口的诉求。

四、新生代农业转移人口城市生活状况

1. 消费呈现生存型特征

新生代农业转移人口的消费习惯和消费心理已经和城市青年无限靠近，但是整体消费倾向依然较低。调查显示，2020 年，北京市外来新生代农民工家庭户均生活消费支出 42395 元。按照金额排序，新生代农民工消费支出排在前三位的依次为：食品烟酒、居住、衣着及其他日用品和服务，分别为 14032 元、10861 元和 5141 元，前三位消费支出占总消费支出的 70.8%。③只能维持基本生活支出，以生存型消费为主。造成这种状况的原因，主要是由于新生代农业转移人口工资收入偏低，无力维持高消费水准。

2. 业余生活空虚化

两代农业转移人口在业余生活上的选择也有显著的差异，第一代农业转移人口主要业余生活依次是看电视、聊天、逛街。在获取信息和娱乐上也更多借助传统手段，喜好看电视的比例高于新生代农业转移人口，而新生代农业转移人口更倾向于通过网络获得信息和资讯，新生代农业转移人口业余生活排在第一位的是上网，他们年纪轻，受教育程度高，接受新事物能力强，因此作为新兴事物的网络在他们的生活中占据重要的地位。新生代农业转移人口的业余文化选择上网的达到 78.3%，选择 KTV 的达到 69.5%，选择打牌的达到 64.3%，

①　王同信，翟玉娟. 深圳新生代农民工调查报告 [M]. 北京：中国法制出版社，2013：59.

②　2022 年全国农民工监测调查报告 [J]. 建筑，2023(5): 92—95.

③　2020 年北京市外来新生代农民工监测报告 [EB/OL].https://www.beijing.gov.cn/gongkai/shuju/sjjd/202107/t20210705_2428703.html?ivk_sa=1023197a.

选择电玩的达到 43.1%。[①] 上网比例高说明新生代农业转移人口获取信息的方式更加现代，也更加接近城市的青年人。网络是一个信息爆炸的场所，拥有海量的知识信息，频繁上网开阔了新生代农业转移人口的眼界，丰富了新生代农业转移人口的知识，更新了新生代农业转移人口的观念，这个接收信息的过程也在潜移默化地改变着他们的生活方式、思想观念和价值追求，使他们脱离了传统的思维方式，越来越接近于城市居民，越来越适应城市现代化的生活。同时新生代农业转移人口的频繁上网，说明了他们业余生活的单调和无聊。新生代农业转移人口普遍收入较低，无法支付消费高的业余生活，只能宅在宿舍。而网络廉价便捷、新奇有趣，因此很多新生代农业转移人口只能选择网络作为度过闲暇时间的工具。但是网络毕竟是虚拟的，过分沉迷于网络会造成他们对现实的忽视和冷漠，并不能帮助他们解决现实中遇到的各种问题，反而会导致新生代农业转移人口在现实中的交流能力减弱，更不善于与人沟通，从而导致更多的问题出现。

3. 获取信息的途径发生改变

比起父辈，新生代农业转移人口受教育程度更高，加上网络的普及，使得他们能够熟练地操作电脑，这使新生代农业转移人口获取信息的方式发生了很大的变化。第一代农业转移人口获取信息主要通过电视、报纸、聊天等传统方式，这虽然也是新生代农业转移人口获取信息的渠道之一，但已经不是主要方式。随着智能移动终端的普及，网络已经成为新生代农业转移人口获取信息最主要的方式。相对于快节奏的城市生活，高昂的城市娱乐享受，网络和手机上网相对便捷、廉价、易于获得，网络资讯的新颖、及时、丰富、开放，使社会进入了一个通过网络可以知天下的时代，这一切使处于低端工薪阶层的新生代农业转移人口更青睐上网作为主要的休闲方式，网络不可避免成为新生代农业转移人口借以获得信息的主要来源。但是新生代农业转移人口信息生活的重点并没

---

① 王梦怡，姚兆余. 新生代农民工消费行为及其影响因素 [J]. 湖南农业大学学报，2014(1)：43–48.

有放在关注权利和维护权利上。在纠纷解决方式方面，新生代农业转移人口更倾向于选择向通过地缘关系组织起来的群体求助，他们通过法律途径解决问题的比例甚至低于第一代农业转移人口。虽然新生代农业转移人口的"自媒体"现象开始萌芽，但是网络关注重点和主动能力不足，大多数新生代农业转移人口只是把网络作为一个休闲娱乐、缓解压力的工具，没有进行有效利用。网络上虽然信息爆炸，但是更多的新生代农业转移人口并不懂得进行有效的筛选和过滤，没有利用网络解决信息不对称问题，只是满足自己的猎奇和八卦心理。不但没有实现信息正义，新生代农业转移人口信息生活的低端化反而固化和强化了他们城市边缘人的处境，因此新生代农业转移人口应该自觉通过网络获取有效信息，发出属于自己群体的声音，为自己代言，避免成为"失语的一代"。

五、新生代农业转移人口城市居住状况

新生代农业转移人口在城市中务工体现出"生活型"的特点，融入城市成为他们的一大愿望，随之而来的是，在城市中拥有自己的住所成为大部分新生代农业转移人口新的需求。对新生代农业转移人口而言，居高不下的房价使得居有其所一直是困扰他们的难题。由于市场与制度的双重排斥，新生代农业转移人口既不具备购买商品房的经济实力，又无法享受到城市住房保障。但在偌大的城市中，新生代农业转移人口自有栖身之所，我们在日常生活中可以观察到，城中村的出租屋、建筑工地旁的工棚，居住着大量新生代农业转移人口。新生代农业转移人口在住房选择上因为消费能力较低，多选择住房设施简陋，居住环境恶劣的低质量住房，远离城市中心，地处城市边缘，和城市居民居住空间相对隔离。从结构与行动的关系视角来看，这些居住方式都是新生代农业转移人口在市场与制度的结构性制约下，基于自身住房消费能力、意愿和需求做出的行为选择。

1.城中村聚居

城中村房屋价格低廉是新生代农业转移人口选择在这些地方居住的最重要

原因。新生代农业转移人口没有本地户籍，没有资格享受城市政府提供的廉租房，现在很多用工单位不包食宿，住宿需要自己解决，对于新生代农业转移人口微薄的收入来说，设施好、环境好的商品房无力购买，纵然只是租住，高额的房租他们也负担不起。因此在居住上，他们遵循的只是一种生存逻辑，不要求生活品质，不追求住房的舒适、环境的美好，只要能够提供休息场所、遮风挡雨、价格低廉，能把赚的钱省下一大部分，新生代农业转移人口就很满意了。这种选择也是在收入有限的情况下，符合生存而做出的理性选择。第一代农业转移人口，他们吃苦耐劳，又不奢求在城市安家，只想能省则省，多存点钱将来回农村生活，因此在城市期间的所有消费，都会压缩到极致。新生代农业转移人口虽然学历比第一代农业转移人口高，在收入上也有所提升。但是相对于整个社会来说，他们整体学历不高，就业层次低，薪水微薄，低于社会平均水平，加之尚有养家糊口、生活支出、赡养老人、抚养孩子、子女教育、医疗支出以及为将来可能买房而做打算，各种开销加起来，微薄的收入基本上月光。纵然少数学历较高的新生代农业转移人口，在城乡二元体制影响下，上升空间有限，在生活支出中也是能省则省，不敢有高于基本生存的支出。因此城中村就成了新生代农业转移人口最好的选择。加之有些城中村与繁华都市相连，甚至有些就处在中心城区的位置，生活便利，出行方便，机会较多，能够满足新生代农业转移人口的需求。

对于新生代农业转移人口来说，城中村虽然环境脏、乱、差，人员构成复杂，但是它具有集体宿舍所不具备的优势，即空间的私密性。新生代农业转移人口刚到城市的时候，环境陌生，人生地不熟，住在企业提供的集体宿舍，能节省一大部分租房费用，还方便他们通过工作关系结识同伴，所以虽然集体宿舍狭窄拥挤、缺少隐私，但是初来乍到的新生代农业转移人口还是乐于接受这种安排的。但是随着工作生活的相对稳定，交际圈逐渐打开，部分新生代农业转移人口开始恋爱或进入婚姻家庭，集体宿舍的弊端开始显现，无法满足他们的需求，很多人放弃集体宿舍，开始外出租房，寻求私密空间。城中村在都市中作为一个特殊的存在，其性价比正好符合新生代农业转移人口的需求。因此在庞大市场需求的刺激下，在人类追逐利益的本性驱使下，城中村开启了疯狂的造楼行动，加高楼层、分隔空间，争相扩建，以吸引和容纳更多的租客。由于城市对于新生代农业转移人口来说是一个相对陌生的环境，而新生代农业转移人口又大多数在城中村聚居，因此为寻求感情寄托，也为在陌生城市中互帮互助，因此他们往往通过同乡关系、血缘关系以及工作关系，其中主要是通过同乡关系形成了聚居地带，彼此居住在一起抱团取暖，共同面对在陌生的城市中所遇到的困难。

纵然出租屋内设施简陋，阴暗潮湿，面积狭小，只有最基本的水电和单独的厨卫，在炎热的南方，很多城中村的房子不提供空调，夏天房间里极度闷热，但这些对于大多新生代农业转移人口来说已经足够了。农业转移人口需要的是房租价格低，距离打工地点近，能把打工收入节省下来，至于租住的房屋设施简陋、空间狭小，对于吃苦耐劳的农业转移人口来说，这些并不算什么。这些城中村在空间区位上属于城市中一个相对独立的存在，与城市居民的居住区天然隔绝，形成一个相对封闭的城市特殊生态环境。农业转移人口选择这些区域居住，无形中把他们与城市居民隔离开来，他们融入城市，被城市居民接纳的渴望又拉远了距离。近年来，随着城镇化质量的提升，国家开始加强对城中村的治理和改造，提升了农业转移人口居住环境，2022 年进城农民工人均居住面积 22.6 平方米，比上年增加 0.9 平方米。分城市规模看，不同人口规模的城市农民工人均居住面积均有增加。其中，50 万人以下的城市农民工人均居住面积 27.5 平方米，比上年增加 2.0 平方米；500 万人以上的城市农民工人均居住面积为 17.6 平方米，比上年增加 0.6 平方米。[①] 但同时也推高了他们的生活成本。

2. 单位集体宿舍

集体宿舍也是新生代农业转移人口主要居住方式之一。虽然很多企业不再提供住宿，但是劳动密集型制造业企业依旧保留着这一传统。因为整个农业转移人口群体的流动性非常强，而新生代农业转移人口群体的流动性更强。但是劳动密集型制造业企业由于其赶工的紧迫性和订单的时效性，需要一支较为稳

---

① 2022 年全国农民工监测调查报告 [J]. 建筑，2023(5): 92–95.

定的劳动力队伍保证生产的连续性。尤其自 2004 年各地普遍出现"民工荒"以来，企业间对于农业转移人口的争夺更加激烈。因此，很多制造业企业纷纷推出措施以期吸引新生代农业转移人口，提供单位集体宿舍让新生代农业转移人口免费住宿即是企业吸引新生代农业转移人口、打造稳定劳动者队伍、提高企业管理效率的重要策略。这一举措也得到了政府的支持。因为随着新生代农业转移人口大量进入城市工作、居住，给政府的管理和服务也带来了巨大的压力，尤其在新生代农业转移人口大量聚居的城中村，基层社区和警力配备严重不足，甚至缺失。因此在农村生活时，新生代农业转移人口尚且知道，有事找村主任，但是在城市中，在外独居的新生代农业转移人口群体，除了抱团取暖，找不到更好的解决问题的途径。而集体宿舍塑造了企业和员工之间的稳定关系，便于管理，减轻了政府压力，因此也取得了政府的支持。

集体宿舍虽然有利于企业和政府的管理，但是比城中村更加简陋拥挤，缺少个人空间。集体宿舍的布局类似大学宿舍，但是比大学宿舍人口密度更高，一间宿舍最少住八九人，多的甚至二三十人。居住条件非常差，只有塞满空间的上下铺和昏暗的白炽灯，没有风扇、空调，不能通风透气，完全没有私密空间。城中村相对独立，处在繁华都市中，下班回到家还能和亲戚朋友有情感上的交流，很多集体宿舍都与厂房同处厂区内，而劳动密集型企业由于利润率微薄，为了节省成本，厂区往往处在城市远郊或偏远地带，为了安全一般都是封闭管理，与外界社会相对隔离，新生代农业转移人口几乎没有时间和机会去往城市中心地带，文化娱乐服务奇缺，企业缺乏人文关怀，新生代农业转移人口的情感需求难以得到满足，承受很大的精神焦虑。2010 年，富士康在半年之内出现了十二起新生代农业转移人口在宿舍内跳楼身亡的事件，号称富士康"十二连跳"事件，暴露了封闭管理下新生代农业转移人口的精神困境，引起了社会各界的关注和中央的重视，总裁郭台铭亲自公开道歉。富士康"十二连跳"事件原因众多，但是与企业封闭管理之下工作简单枯燥，企业缺少人文关怀有很大的关系。因为流动性大，员工之间很陌生，工时长加班多，同宿舍员工之间见面、交流机会也很少，缺少交流沟通导致员工情感孤独，再加上看不到发展前景，封闭管理使他们与外界社会更为隔离，情感苦闷、心灰意冷无人倾诉之下容易悲观厌世。

3.工棚

改革开放的四十多年中国基础建设遍地开花，城市里的建筑工地随处可见。只要留意观察，就会发现所有的建筑工地旁都有低矮简陋的工棚，用作建筑工人们的临时宿舍。工地建设时间长、人手多，但是工程又具有一次性的特点，因此建筑施工企业在开始一项工程前，会先搭建临时工棚供工人居住。这种居住方式有利于人员管理，也可以提高施工效率，还便于对工地进行看护。因为建筑施工队伍总是在一项工程结束后便离开该地，所以企业管理方总是搭建一些简陋的、易于建拆的工棚，而不是像制造企业那样建立一些更为正规、持久的集体宿舍。对于建筑工人们来说，他们随整个施工队伍的流动而不停变换工作地点，而且在居住上持一种有安身之所即可的生存逻辑，加上普遍都是男性，所以他们一般都接受居住在这种临时的集体工棚中。相对于出租屋和集体宿舍，建筑工棚更为简陋、艰苦。

以上是农业转移人口的三种主要居住选择。由于新生代农业转移人口群体已经出现了阶层分化，因此有极少数经济条件好的农业转移人口，如创业成功的私营企业主、拥有技术工人资格证的高级技工、经营状况较好的个体工商户，这些人由于财力雄厚，有实力在城市购买商品房，已经实现了户籍身份的转变和居住空间的城市融入。但大多数新生代农业转移人口在城市中的上升空间依旧非常有限，只能重复着没有技术含量的劳动，拿着微薄的薪水，不得已选择简陋的居住空间。总之，这些居住方式都是农业转移人口在城市住房市场与制度的双重排斥下，能够在城市寻找到的少许机会，这和新生代农业转移人口的住房消费能力、居住意愿和有效需求有很大关系。这些行为选择也以城市扩张过程中大量城中村的出现，城中村村民、用工单位等相关主体的利益选择行为等为背景条件。而农业转移人口现实居住的基本特征则是在城市空间中的边缘化，与市民群体相对隔离。

六、新生代农业转移人口政治参与状况

1.参与政治生活能力有所提高

新生代农业转移人口参与政治生活的能力较第一代农业转移人口有所提高，政治素质不断提高。由于新兴媒体在新生代农业转移人口群体中的广泛宣传以及他们自身知识结构的完善，新生代农业转移人口对我国的政治行政体制和政治生活方面的知识有了更深的认识和了解，他们不再像大多数第一代农业转移人口一样将人大、政协等国家机构与党和政府混为一谈。同时，他们也更加明确地知道自己具有哪些法定的政治权利。

2.参与政治生活意愿依然偏低

新生代农业转移人口参与政治生活能力虽然有了进步，但他们参与政治生活的意愿依然偏低，甚至低于第一代农业转移人口，大部分新生代农业转移人口缺乏社会责任感和主人翁精神。部分新生代农业转移人口认为政治生活和自己生活的关系不大，只对能够提高自己经济收入的事情感兴趣，他们认为自己参与政治生活并不会给自己带多大好处。

3.参与政治生活渠道不断拓宽

虽然参与政治生活意愿依然偏低，但是对于有参与意愿的新生代农业转移人口来说，参与政治生活的渠道不断拓宽，他们更多地运用互联网、手机等新兴工具和手段行使自己的话语权利。新生代农业转移人口年纪更年轻、知识水平更高，这使得他们更容易接受新事物，并运用这些新知识以改变自己的生存状况。

相对于第一代农业转移人口来说，新生代农业转移人口的政治参与情况虽然有一些改善，但他们的政治参与情况依然处于一种十分尴尬的境地。第一代农业转移人口面对的选举权利边缘化、无法参与社会管理、党员比例过低等问题，在新生代农业转移人口群体中也普遍存在。

第三节　新型城镇化进程中推进新生代农业转移人口城市融入的机遇

自改革开放以来，我国成功地实现了超过 3 亿农村剩余劳动力的非农部门就业，由农民到农业转移人口的转变既是工业化和城市化发展的结果，也是经济发展的支撑力量。经过近 40 多年的发展，我国人均 GDP 水平超过 1 万美元，进入了中高等收入国家的行列，社会经济发展迈进了新的历史阶段。我国城镇化在取得了一系列成就的同时，也付出了巨大的社会代价，带来了一系列矛盾和问题。2014 年《国家新型城镇化规划（2014—2020 年）》出台，以人为核心的新型的城镇化理念的提出，标志着我国城镇化放弃了之前以规模扩张为主要特点的城镇化道路，进入了重在推进人口城镇化的转型发展阶段。党的二十大报告要求"推进以人为核心的新型城镇化，加快农业转移人口市民化……到 2035 年基本实现城镇化"①。"十四五"规划《纲要》以及《"十四五"新型城镇化实施方案》都明确提出，"提高农业转移人口市民化质量"。提升农业转移人口市民化质量是"十四五"时期的主要任务，是新型城镇化的核心要求。在新的起点上，新生代农业转移人口市民化也将发生新的变化。

一、新型城镇化重在推进人口城镇化的转型发展

自改革开放以来，我国城镇化以规模扩张为主要特征，是以土地城镇化为主的粗放型城镇化模式。突出表现为政府对土地财政过度依赖，"化地不化人"。在这样的指导思想下，户籍制度、土地制度、公共服务制度等方面的改革不到位，人口城镇化的体制机制改革滞后于土地城镇化。当前新生代农业转移人口市民化过程中的许多矛盾和问题皆与此相关。新型城镇化的核心是"以人为本"，关键是推进人口城镇化，改变"半市民化"的现状，促进新生代农业转移人口在城市安居乐业，融入城市生活，享受平等的市民权利，把新生代农业转移人

---

①　习近平.高举中国特色社会主义伟大旗帜　为全面建设社会主义现代化国家而团结奋斗：在中国共产党第二十次全国代表大会上的报告 [M]. 北京：人民出版社 ,2022:32.

口逐步转为市民。当前,实现新生代农业转移人口城市融入达到了临界点的状态。新生代农业转移人口城市融入意愿强烈且有现实需求。随着新生代农业转移人口城市生活居住常态化,他们在城市长期居留的现实并不以政府是否放开户籍为转移。但是新生代农业转移人口却长期处于"半城市融入"状态,无法获得和城市居民同等的待遇,无法融入城市社会,积累了大量的社会矛盾。如果这种状况长期得不到妥善解决,会引发群体冲突,破坏社会稳定。

根据国家发展改革委印发的《2022 年新型城镇化和城乡融合发展重点任务》,2022 年中国常住人口城镇化率达 64.72%,户籍人口城镇化率为 46.7%,我国户籍城镇化率尚未达到 52% 的世界平均水平。常住人口城镇化率和户籍人口城镇化率之间仍然存在 18.02 个百分点的缺口。《"十四五"新型城镇化实施方案》要求,到 2025 年,全国常住人口城镇化率稳步提高,户籍人口城镇化率明显提高,户籍人口城镇化率与常住人口城镇化率差距明显缩小。农业转移人口市民化质量显著提升,城镇基本公共服务覆盖全部未落户常住人口。户籍制度改革是新型城镇化发展的必然要求,推进人口城镇化,把新生代农业转移人口转化为市民,必然要推进户籍制度改革,明确目标和时间表,创造条件逐步淡化城乡二元分割户籍制度的影响和作用,直至其退出历史舞台。

人口城镇化作为新型城镇化的出发点,需要着重解决新生代农业转移人口在城市的就业、住房和享受基本公共服务的问题。进入新的发展阶段,低质量的城镇化模式难以为继,必须适应新生代农业转移人口全面增长的利益诉求,提高城镇化质量。人口城镇化发展到一定程度,要求城市形成以服务业为主体的产业结构,以适应城市居民对优质教育、文化、医疗等基本公共服务的需求,同时带动产业结构调整,以服务业作为容纳就业的主体,为新生代农业转移人口创造更多更好的就业机会和工作岗位。

二、新型城镇化将促进新生代农业转移人口城市融入加速发展

在新型城镇化理念的指引下,我国城镇化水平仍然有较大的提升空间。

《"十四五"新型城镇化实施方案》显示，2020 年末全国常住人口城镇化率达到 63.89%，户籍人口城镇化率提高到 45.4%。农业转移人口市民化成效显著，户籍制度改革取得历史性突破，1 亿农业转移人口和其他常住人口在城镇落户目标顺利实现，居住证制度全面实施，基本公共服务覆盖范围和均等化水平显著提高。[①]虽然城镇化发展取得了巨大的成就，但是与我国经济发展水平相比，我国城镇化水平仍然较为落后，特别是户籍人口城镇化率远远低于常住人口城镇化率，新生代农业转移人口并没有成为真正的城市居民，城镇化和城市融入水平较低，今后一个时期，我国面临着提高城镇化和新生代农业转移人口城市融入水平和质量的双重任务。

今后到 2030 年，我国城镇化仍将处于快速发展阶段。根据国际经验并结合中国国情，预计我国城镇化水平的峰值在 70%~75%。由于 2022 年我国常住人口城镇化率为 64.72%，但是户籍人口城镇化率只有 46.7%，因此仍然有 20 个百分点左右的发展空间。按照我国目前城镇化的平均增长速度，到 2030 年城镇化率能够达到 70% 左右，此时城镇化的高速发展阶段基本结束，将进入平稳发展阶段。

新型城镇化的高速发展和质量提升将有力推动新生代农业转移人口城市融入的快速发展。农业剩余人口向非农产业的转移是城镇化发展的动力，而城镇化的提质增效会进一步加快新生代农业转移人口城市融入的进程。

三、新型城镇化的着力点是改革城乡二元化的户籍制度

新型城镇化的着力点是改革城乡二元化的户籍制度。近年来，在政策层面，我国大中小城市落户门槛一再降低，但是落户通道不畅、落户选择偏向依然存在。从 2013 年党的十八届三中全会起，我国提出了"创新人口管理，加快户籍制度改革，全面放开建制镇和小城市落户限制，有序放开中等城市落户限制，合理确定大城市落户条件，严格控制特大城市人口规模"的户籍改革方案，

---

① "十四五"新型城镇化实施方案 [J]. 广西城镇建设，2022(7):11–41.

2019 年出台的《关于促进劳动力和人才社会性流动体制机制改革的意见》明确规定，全面取消城区常住人口 300 万以下的城市落户限制，全面放宽城区常住人口 300 万至 500 万的大城市落户条件。完善城区常住人口 500 万以上的超大特大城市积分落户政策，精简积分项目，确保社会保险缴纳年限和居住年限分数占主要比例。《"十四五"新型城镇化实施方案》进一步强调要求落实落户政策，但是这一政策并未顺利推进。尤其东部发达地区，并未按照政策要求取消 300 万以下人口的落户限制，依旧择优落户，非户籍人口在城市中依然大量存在，超大、特大城市中这种现象尤为明显，非户籍人口几乎占人口总数的一半以上，选择性落户现象更为严重。这些城市目前的落户选择对于高学历、高技能人才较为宽松，对于稳定就业的普通劳动者则要求高、名额少，限制依然较多，隐形落户门槛依然存在。以人为本即国家对全体人民提供的社会福利和公共服务应该是均等的。国家有责任确保公民必要的生存需求和生活福祉。但是户籍制度及其代表的歧视性福利制度将城市居民和农村居民分隔在两个世界，造成了我国二元化的城乡割裂。户籍制度的解决关系到几亿进城务工人员的切身利益问题，也关乎消除对进城务工人员的歧视，获得基本待遇的问题，关乎我国以人为核心的新型城镇化目标是否能实现的问题，也关系到中国经济的可持续发展能否顺利实现的问题。

户籍制度改革，不仅是改革户口和居住登记制度，更重要的是改革城市户籍所代表的，户籍所在地政府提供的保证最低生活的救助服务、政府的补贴性住房、进城务工人员随迁子女教育问题。习近平总书记指出，改革户籍制度要"加强城乡社会保障体系建设，继续完善养老保险转移接续办法，提高统筹层次"。通过改革与户籍制度相关的管理体制、经济政策、财政制度，采取配套的社保和公共服务措施，从根本上变革现有的户籍制度。不仅改革户口和居住登记制度，更重要的是改革能给进城务工人员的生活带来实质性改善的社会保障制度。通过户籍制度改革的路径，减少公共服务的差异化提供，在不降低原有城市居民享受公务服务和社会福利水准的情况下，使全民福利一体化，真正做到让农民分享改革红利。

目前，我国户籍制度改革已经进入攻坚阶段，户籍制度改革是一项复杂的系统工程，是长久之计，不能一蹴而就，既要统筹考虑，又要因地制宜、区别对待。户籍制度改革既要兼具整体性和系统性的政府顶层设计，又要考虑地方政府的具体情况，考虑到城市提供就业机会、吸纳就业人口的能力，先开放小城市和城镇对进城务工人员的落户限制，允许已经在城市有固定住所和生活来源的进城务工人员落户，优先解决存量，有序引导增量。目前，由于我国农村户籍与土地挂钩，对于市郊农民来说，土地有升值潜力，非农收入不菲，子女可以在公办学校就读，他们对于解决户口的热情不高。对于这一部分人，要尊重城乡居民自主定居意愿，合理引导农业转移人口落户城镇的预期和选择。

四、新型城镇化能够促进新生代农业转移人口就业水平有效提升

新型城镇化的核心问题是人的问题，要求进城务工新生代农业转移人口在城市定居，由农民变为市民，安居的前提是稳定的就业和丰厚的收入。新型城镇化的着力点是通过改革城乡二元化的户籍制度以促进新生代农业转移人口城市融入，但是阻碍新生代农业转移人口融入城市社会的最大障碍并非户籍制度，而是就业。户籍制度保留了新生代农业转移人口的农民身份，农民身份与土地承包经营权相联系，因此在我国社会保障制度不健全的现状下，农民身份反而变成了对新生代农业转移人口土地权利和生活来源的保障。新生代农业转移人口在城市就业层次普遍偏低，微薄的打工收入不足以支撑他们在城市居住和发展需求的高昂成本。新生代农业转移人口的名义工资收入虽然历年都有提升，但是仍然处于只能维持最低生存标准的水平，城市的衣、食、住、行、教育等消费远远超出新生代农业转移人口的工资收入，因此新生代农业转移人口无法融入城市，只能在城乡之间呈现"钟摆式"的迁移状态。

2004年起，中国部分城市和行业出现"用工荒"现象，随着时间推移，尤其是中国经济发展进入新常态以来，"用工荒"呈现加剧趋势，但是这种趋势并不是因为劳动力减少引致刘易斯拐点的到来，而是劳动力市场需求和供给错

位导致的结构性用工荒。结构性用工荒的出现会在一定程度上拉高劳动者的工资报酬，但是由于刘易斯拐点并未真正出现，因此从总体看，新生代农业转移人口工资报酬的提高十分有限，并不能够满足其在城市定居的需求，不足以支撑新生代农业转移人口融入城市。经过新冠疫情后，我国的出口大幅回落，发达国家在中国的劳动密集型产业大量转移到成本更为低廉的东南亚国家，我国也面临着产业升级的压力。但是新生代农业转移人口就业比较集中的行业为劳动密集型行业，目前的形势对于新生代农业转移人口的就业影响比较大。

党的十八大以来，我国经济进入新常态发展阶段后，为应对新机遇和新挑战，企业纷纷向技术密集型和资本密集型转型升级，力争进入产业链上游，增加企业利润率和发展空间。此时企业的用工需求也会相应转变，从需要简单劳动力转变为需要技术工人。企业对于熟练技术工人的大量需求以及技术工人的高收入会引发政府、市场和社会的职业技能培训供给，使新生代农业转移人口能够更好地适应复杂劳动条件，倒逼劳动者职业技能提高，从而提升新生代农业转移人口的职业竞争力和工资水平，提高新生代农业转移人口融入城市社会的经济能力。

第四节　新型城镇化进程中推进新生代农业转移人口城市融入的挑战

新生代农业转移人口对城市具有强烈的归属感，他们向往城市的就业、生活、发展，他们的就业技能和心理预期都与城市有很强的契合度，这一群体进入城市务工的动力已经不再是基于生存理性，而是基于发展理性，是为了获得更广阔的发展空间，为了融入城市成为真正意义上的城市居民。他们不再把自己看作城市的过客，他们的最终归属不再是农民，而是产业工人、市民，因此对城市的就业机会和基本公共服务需求更加强烈。当城市务工不再是短期行为，新生代农业转移人口自然也就具备更加强烈的权利诉求，如果不能有效解决新生代农业转移人口城市融入问题，将引发较严重的社会问题。要实现十九大提出的加快农业转移人口市民化的目标，需要解决新生代农业转移人口城市融入面临的挑战。

一、构建身份认同的挑战

目前，新生代农业转移人口在城市普遍面临身份认同困境。他们渴望在城市获得认可和接纳，但是被冠以"农业转移人口"的称谓，摇摆在农民和工人之间、农村和城市之间，城市的排斥使他们的身份认同走入困境。

1.城市融入意愿强烈与政策制度调整不及时的困境

与父辈相比，新生代农业转移人口普遍城市融入意愿强烈，渴望在城市扎根。他们处于青年阶段，可塑性强、发展空间大，在行为习惯和思想观念上跟城市青年更为接近，更加具有成为城市居民的可能性。新生代农业转移人口的城市融入过程面临的影响因素比较多，如城乡二元制度的阻碍、城市际遇的影响和自身人力资本的限制，在这些因素影响下，他们的城市融入意愿有所降低，但是从整体倾向来看，新生代农业转移人口群体更加具备自我实现的意识，把城市融入作为一种实现人生价值的方式，更加倾向于成为城市居民。随着新生代农业转移人口进城务工趋于稳定，虽然他们也会随着春节的到来往返城乡，但是不会随着经济周期性波动而离开城市回归农村。即使暂时无法融入城市社会，无力在城市安家落户，他们还是会在城市工作、定居。国家政策利好于新生代农业转移人口，更是加强了这种趋势。而且近八成新生代农业转移人口从来没有从事农业生产的经验，不具备农业生产技能，基本不可能再回乡务农。他们的就业技能尽管不强，但是已经和工业、服务业相适应，他们消费水平尽管低下，但是已经养成城市的生活方式，他们已经不再像第一代农业转移人口，还有回乡务农的后路。城市生活虽然不尽如人意，但是他们也只能在此蜗居。因此，城市融入已经成为国家解决新生代农业转移人口问题的唯一路径和归宿，但是城乡二元分割的制度环境是身份认同的最大障碍。

众所周知，我国目前实施的仍然是20世纪50年代开始的二元社会结构体制，造成这种分割局面的根源就是户籍制度。虽然在特定历史时期，这一制度对于稳定我国生产和生活秩序起到了积极作用，但其存在的负面影响也是不可忽视的。其中的一个后果就是形成了生产生活方式和价值观念不相融的两大社会群体——市民群体和农民群体，与我国其他历史时期已有的"市民"和"乡民"不同，两大群体内部成员的身份转变不能仅仅凭个体的主观努力实现，还需要突破户籍制度的限制。也就是说，即使一个农民在城市中获得了成功，与市民拥有了相同的生活方式和价值观念，若没有城市户口作为依托，仍没有法定的市民身份，不能享有与市民同等的权利。二元分割的户籍制度，给新生代农业转移人口带来了困惑，使其在认知层面难以在市民身份和农民身份之间做出选择，虽然他们渴望摆脱父辈的农民身份，但又在市民身份面前望而却步。

目前我国虽然已经把新生代农业转移人口城市融入提高到国家战略的高度，但是制度平台建设相对滞后，与新生代农业转移人口的特点和诉求脱节，这就导致目前出台的各项政策缺乏对新生代农业转移人口的针对性，不能回应新生代农业转移人口群体对上升通道的渴望、对城市的渴求、对权利平等的追求。面对理想和现实的差距，我们需要切实做好新生代农业转移人口城市融入工作，根据新生代农业转移人口群体的新诉求调整政策，拓宽制度渠道，回应新生代农业转移人口对于生存、发展和生命尊严的呼唤，使新生代农业转移人口切实感受到生活有希望，未来有奔头，努力有动力，从而积极投身于中国城镇化建设的大潮，满足新生代农业转移人口融入城市的合理期待，打造新生代农业转移人口上升通道，改变制度缺位的状况。在政策层面上，做到教育、医疗、社保的推进跟上时代发展的脚步，维护新生代农业转移人口的合法权益、合理诉求。

2. 城市落户与自由支配财产处置权的困境

新生代农业转移人口对于融入城市具有强烈的渴望，因此户籍制度改革是回应新生代农业转移人口融入城市诉求的重要方面。而户籍制度改革的实质并不在于一纸户口，我国现行的城乡二元化的户籍制度不仅代表着身份象征和城乡差异，更重要的是其代表的享有养老、教育、医疗、住房等基本公共服务的权利。由于各种原因，新生代农业转移人口很难在城市落户，也因此被排除在城市公共服务体系之外，成为城市中的边缘人。但是对于新生代农业转移人口来说，户籍制度不是融入城市的最主要障碍。在我国，农村户口除了对身份的定义，还与农村土地承包经营权、农村宅基地权益挂钩。随着我国的改革，农村户口对新生代农业转移人口在城市的工作、生活影响越来越小，因此新生代农业转移人口不愿意放弃农村的宅基地和承包地来换取城市户籍，已经将户口迁入工作地的多数是为了子女教育问题。因此户籍制度改革不应简单粗暴地定义为消除农业户口和城市户口之间的区别，或者让新生代农业转移人口从农村户口转变为城市户口，户籍制度改革的重点应着眼于实行一元化的户籍管理制度，赋予每一个居民迁徙自由，实现同一城市的居民价值平等、社会平等、身份平等、权利平等，让城乡二元化体制以及城乡身份差别彻底淡出历史舞台。

户籍制度改革走到今天，已经不仅仅是通过一纸户口转换新生代农业转移人口身份的问题，新生代农业转移人口是否应该放弃土地承包经营权和宅基地使用权换取城市户籍和享受城市基本公共服务的待遇，这是户籍制度改革遇到的最大问题，也是新型城镇化必然要面对和解决的人口社会管理制度改革问题。这种"双放弃"换社会保障的方式是我国过去和现在通行的做法，是以牺牲农地权利为代价的城市融入，是多数地区采用的城市融入方式，也是不被新生代农业转移人口认可的城市融入方式。新生代农业转移人口在城市的生活缺少保障，难以找到收入来源可靠、足以支撑生活所需的稳定工作，不愿轻易放弃具备保障功能的土地，而且随着城镇化的推进，土地表现出日益增值的财产功能，因此大多数新生代农业转移人口不愿意放弃农村户籍背后隐含的土地、房产和收益的福利。户籍制度改革的指向和新生代农业转移人口的利益诉求构成了城市融入进程中的悖论。实现城市户籍与享受基本公共服务的权利脱钩，政府加大对农民和农村的投入，直至实现基本公共服务全覆盖或许对户籍制度改革和推进新生代农业转移人口城市融入具有重要的实际意义。

3. 自我认同和社会认同的困境

新生代农业转移人口的非正规就业性质导致两难选择。与从事农业生产的农村居民不同，新生代农业转移人口在城市中从事制造、服务、建筑等非农业生产活动，其工作方式和工作内容有了很大变化。另外，与第一代农业转移人口不同的是，新生代农业转移人口对农村土地的依赖大大减弱，工资收入成为他们收入的主要甚至是唯一来源。这种工作的特点也会对新生代农业转移人口的身份认同产生明显作用。但是职业转换并不能使他们简单地做出保留或放弃农民身份的选择，促使他们做出不同选择的不同力量会同时存在，他们最终会做出哪种选择完全取决于各种力量的对比。一方面，新生代农业转移人口的工作内容不再属于农业生产活动，这在客观上促使他们放弃农民身份。但另一方面，新生代农业转移人口从事的工作大多属于边缘部门，并有相当部分新生代农业转移人口从事临时性工作，这就使他们处于城市边缘，难以认同自己属于市民群体。

4. 社会排斥加剧身份认同困境

目前新生代农业转移人口在普遍面临身份认同的摇摆，"农业转移人口"的称谓包含了农民和工人两种身份，对应的是城市和农村两种归属。长期被冠以"农业转移人口"称谓的群体，社会对其的身份认同始终处于一种模糊的状态，反映在我国城镇化快速发展的国情下，这种身份认同的悖论外化为城乡二元分割的制度标定与新生代农业转移人口职业身份、生活地域之间的冲突。相比于新生代农业转移人口在城市遇到的其他问题，身份认同困境不会对他们造成直接的伤害，但是身份认同困境引起的社会排斥会导致新生代农业转移人口更难以被城市社会接纳，从而游离在城市边缘出现苦闷和焦躁的心理，需要政府给予足够的重视并出台相关政策予以解决。

农业转移人口是我国自改革开放以来农村家庭联产承包责任制推行和城市经济体制改革的产物，数以亿计的农民从农村走向城市，从农业走向工业，从传统走向现代文明。在这一过程，农业转移人口群体为我国的市场经济发展和城市建设做出了不可磨灭的贡献。但不可否认的是，农业转移人口群体从出现之日开始，就伴随着与旧体制的博弈，在城市生存过程中，受到城市居民的排斥或排挤。受不同时期观念的束缚和现实状况的影响，政府对待农业转移人口的态度，关于农业转移人口流动的政策也在不断发生变化。中国的农业转移人口群体形成是旧的计划经济体制与经济发展角力的必然结果，是在生产力发展的推动下自发重开政策的闸门形成的。但是数量庞大的人口涌入城市，给城市承载能力带来了巨大的压力。因此从 20 世纪 80 年代到 90 年代初期，为了缓解城市治安管理的压力，稳定城市秩序，我国政府采取了限制农业转移人口流动的政策。90 年代中期之后，随着外资企业和私企的蓬勃发展，对劳动力的需求大增，城市基础设施建设也需要大量的建筑工人，政府对于农业流动人口的态度发生了改变，开始肯定农业转移人口对城市发展和经济进步的积极作用。2002 年以后，我国政府进一步转变理念，制定和出台了一系列政策取消农业转移人口流动的体制障碍，维护农业转移人口的合法权益，推进农业转移人口融入城市。

伴随着我国政府政策的转变和社会舆论的转向，城市居民对农业转移人口的看法和态度也发生了较大的变化，农业转移人口在城市遭受的排斥和歧视有所缓解。但比起与农业转移人口对城市所做出的巨大贡献，这种变化显得较为滞后和缓慢。随着时间的推移，新生代农业转移人口群体登上了历史舞台，与第一代农业转移人口相比，他们在各方面都有了较大的提高：他们文化水平更高，自身素质明显增强，生活方式、消费观念和价值观念更加趋近于城市居民，这使得城市对他们的接纳度大为增加，受到的直接歧视明显减少。但目前我国的城乡二元制度尚未消失，新生代农业转移人口获取城市身份依旧不易，城市公共资源依旧向城市居民倾斜，部分市民观念落后，依旧戴着有色眼镜看待农业转移人口群体，加之新生代农业转移人口对遭遇的不公对待更加敏感，因此对于城市对他们的排斥感受更加强烈。因此，城市社会排斥仍是新生代农业转移人口必须面对的一个问题。

目前新生代农业转移人口的身份认同处境比较尴尬，他们既是户籍认定上的农民，又是职业认定上的工人。这种不确定性的特点体现了新生代农业转移人口两种不同的归属，或在城市扎根，融入城市成为新市民，或返回农村，掌握现代化的生产技能成为新农民。从我国经济社会发展的大趋势看，城镇化是不可逆转的大势，因此对大多数新生代农业转移人口来说，实现身份跨越、融入城市、成为新市民是符合潮流趋势的选择。这也是两代农业转移人口走向的不同之处，对于第一代农业转移人口来说，回流到农村是他们丧失劳动力之后叶落归根的最佳退守选择，但是随着时代的发展，城市承载能力与日俱增，按照我国社会进步的最佳"路线"，新生代农业转移人口向城镇流动，成为新市民的主体才是城镇化的最优路径。因此，为了改变农业转移人口回流的逆城镇化状况，政府应该出台更多政策，加速新生代农业转移人口城市融入，促使他们成为新市民的主体。

根据我国政府的实践，我国推进新生代农业转移人口城市融入的方式和思路主要有两条：第一是采取积分制，鼓励新生代农业转移人口通过自己的努力，积累工作经验、提升职业技能，达到一定工作和居住年限之后，有了一定的积累，在经济实力上达到当地居民的水平，实现了事实上的城市融入，即可获得所在城市户籍；第二是通过政府统一发展规划，在户籍认定上统一被纳入城镇居民群体，但是这并不能改善新生代农业转移人口的经济地位和生活水平。从目前的状况来看，新生代农业转移人口职业技能水平和财富创造能力普遍较弱，要快速实现城市融入只能通过第二种方式。但是这种方式只是名义上的城市融入，并没有实现新生代农业转移人口的城市融入和融合，他们的城市生存能力依旧脆弱，面临的困境并未得到有效解决。因此要真正实现新生代农业转移人口城市融入，需要在尊重他们意愿的基础上，保障新生代农业转移人口的合法权益，同时采取相应措施提升他们的受教育程度以及职业技术水平，使新生代农业转移人口拥有在城市安身立命的一技之长。在此基础上，再取消城市中市民身份与农民身份的区别，促使新生代农业转移人口融入城市，这也可以减少企业劳动力的频繁更换，增强员工的稳定性和企业的凝聚力，同时也真正体现了新型城镇化"以人为本"的特点。获得城市居民身份之后，新生代农业转移人口面临的身份认同困境自然也就迎刃而解了。

二、促进职业发展的挑战

当前，新生代农业转移人口技能水平总体偏低，又没有接受相关职业培训，就业能力不强。当前很多企业都面临着转型升级的压力，因此对劳动者职业技能素质的要求水涨船高，没有一技之长的农业转移人口难以满足用人单位的需求。因此，想要提高新生代农业转移人口城市融入能力，使他们能够在城市安身立命，需要提升新生代农业转移人口的职业技能，培养出一批拥有熟练技能的新兴产业工人大军，这不仅符合新生代农业转移人口城市融入的趋势，也符合我国产业结构调整升级的大方向。但是目前来看，促进新生代农业转移人口职业技能发展还存在诸多挑战。

1. 新生代农业转移人口的职业培训缺乏实效

目前我国正在进行产业结构调整，很多行业都面临着转型升级的压力，对技术工人的需求程度均有不同程度的增长，因此新生代农业转移人口要在职业之路上走得更加平稳，需要不断提高自己的技能水平。很多学者调查研究的结果都表明，有效的职业技能培训通过提升新生代农业转移人口的人力资本水平，进而能够提高他们的收入水平。培训的质量越高，针对性越强，对收入水平的提升作用越明显。

与第一代农业转移人口相比，新生代农业转移人口的文化水平、教育年限均有大幅度提升，但是与城市居民整体接受教育水平相比仍然较低，因此不足以支撑他们找到与城市居民类似的工作。加之新生代农业转移人口大多在走出学校之后就直接走上了工作岗位，因此接受专门职业技术培训的机会非常少。《2014 年全国农民工监测调查报告》的数据显示，新生代农民工中，66.9% 的人接受过职业培训，而有 33.1% 的人从来没有接受过职业培训。在参加培训的方式上，47.6% 的新生代农民工是通过单位组织进行的，19.3% 的人是自费参加培训。①

从数据中可以看出，新生代农业转移人口参加职业技能培训的比例不足、参加培训的方式有限，不能有效提高新生代农业转移人口的职业技能水平，不能适应技术发展的要求，也无法满足企业对技术工人的需求。究其原因，大多数企业盈利空间有限，因此为了节省成本，削减了培训支出，仍然延续成本较低的传统学徒式的"传、帮、带"方式培训新人。新生代农业转移人口大多收入较低、加班较多，缺乏资金和精力去支付对于他们来说比较高昂的培训费用。职业技能培训的结构和内容也有待改善。目前多数企业提供的培训仅为新员工入职培训，培训内容集中在规章制度学习、新人互相熟悉上，并不涉及职业技能提升。因此要增强新生代农业转移人口职业技能培训的实效性，从而提升新生代农业转移人口的职业技能水平和求职能力，进而提高他们城市融入能力，从城市生存向职业发展转变，还需要完善新生代农业转移人口职业培训结构、转变培训内容、提升培训比重、适应技术发展需求，才能使新生代农业转移人口接受的培训落到实处。

2. 新生代农业转移人口缺乏良好的职业规划

职业规划是求职者通过收集就业信息、评估自身能力、考虑自身就业意愿，综合比较之下，对未来的职业选择进行规划。良好的职业规划可以帮助求职者平衡理想和现实，协调工作和生活，精准定位的求职目标，及早找到合适的企业，也有利于企业减少寻找成本，及时对接需要的员工，提高绩效。因此职业规划对求职者至关重要，关乎其整个职业生涯的成功与否。

然而大多数新生代农业转移人口缺乏明确的职业目标，对自己的未来没有确切的规划，多数人浑浑噩噩，"做一天和尚撞一天钟"，对未来缺乏良好规划，认为这只是社会精英的专属，对于生活在社会底层的他们，只是打工混日子，不需要过多思考和规划自己的未来。他们的职业规划普遍存在以下问题。首先，缺乏做好职业规划的意识和能力，职业选择较为随意和草率，在择业时碰运气

---

① 2014 年全国农民工监测调查报告 [N]. 中国信息报，2015-04-30(001).

的成分较大，只希望眼下有一份工作，缺乏长远和总体的考量，对于自己要实现的职业目标、达到的职业定位缺乏规划。这也导致了新生代农业转移人口工作流动性大，辞职率较高。其次，职业规划缺乏具体的实施方案。部分新生代农业转移人口具有初步的职业规划意识，也制定了相对清晰和明确的目标，但是这些目标往往脱离实际，以自身的实际情况，实现的可能性较小，也缺乏具体的行动计划和方案，能够让自己和职业目标的距离逐渐拉近，因此，导致职业目标仅仅停留在空想阶段。再次，职业规划制定缺乏科学性。良好职业规划的制定需要求职者对信息的充分了解、收集和分析，因此对于信息的充分性、真实性和有效性要求比较高，但是现代社会存在信息不对称的问题，真实有效的信息是一种稀缺资源，新生代农业转移人口往往缺乏及时全面获取信息的有效渠道，容易道听途说或者陷入媒体夸大的误导中，导致职业规划制定与社会现实需求之间出现偏差，不能有效发挥指导职业生涯的作用。

三、保障劳动权益的挑战

1.劳动合同签订率低

新生代农业转移人口劳动合同签订率低，劳动权益受到损害。一方面，目前有些企业法律意识淡漠，觉得只要给新生代农业转移人口发工资，是否签订劳动合同无所谓；另一方面，有些企业故意钻监管不严的漏洞，通过不签订劳动合同，随意拖欠新生代农业转移人口工资，导致这一群体利益受损。即使签订劳动合同的企业，违反劳动合同，侵犯农业转移人口权益的事件也时有发生。据一项在广东的调查，2009 年，新生代农民工的劳动合同签订率只有 61.6%；遭遇工资拖欠的人所占比例为 7.1%；人均拖欠工资 1538.8 元，差不多相当于人均 1.5 个月的工资。[①]

---

① 新生代农民工劳动合同签订率低　权益受损严重 [EB/OL] .https://www.chinanews.com/gn/news/2010/06-21/2353020.shtml.

2.工资水平普遍较低

新生代农业转移人口在城市务工期间，工资水平普遍较低。为保障职工权益，国家制定和出台最低工资标准，但是这几乎成了企业给予农民工薪酬的标准。新生代农业转移人口的薪酬待遇和城镇居民差之甚远。2022 年，全国农民工农民工月均收入 4615 元，同期全国城镇非私营单位就业人员年平均工资为 114029 元，月均 9502 元，农民工月均工资仅相当于当年城镇单位在岗职工月平均工资的 48.6%。[①] 新生代农业转移人口的工资比第一代农业转移人口有所提高，但是总体仍然偏低。拖欠工资、克扣工资现象也时有发生。

3.劳动场所卫生条件差

新生代农业转移人口在城市从事的是最辛苦的工作，超时加班是家常便饭。城镇居民不愿从事的苦、脏、累、险的工作，都丢给了选择权有限的新生代农业转移人口。这些工作危险系数高，但是防护措施相当有限，甚至根本没有。企业为了节省成本，不惜直接让新生代农业转移人口暴露在有害的气体和粉尘之中。2009 年 28 岁的张海超在工作中吸入大量粉尘，3 年后被诊断为尘肺病，却因为公司拒绝承认属于职业病，被逼无奈铤而走险的开胸验肺事件，道尽了新生代农业转移人口悲凉的同时，也让全社会看到了农业转移人口劳动环境的恶劣，以及监管部门的缺位。非高危职业的劳动保护用品往往也不能及时足额发放。

4.权益诉求渠道不通畅

中国当下的状况，资本属于稀缺资源，而劳动力供应非常充足，甚至富余。因此在两者的博弈中，新生代农业转移人口处于天然的劣势，仅靠自己无法有效维护自身的权益。但是目前中国基层工会组织力量薄弱，协调劳动关系三方机制不健全，劳动争议调解基层组织建设严重滞后，当新生代农业转移人口合

---

① 2022 年城镇非私营单位就业人员年平均工资 114029 元 [EB/OL]. http://www.stats.gov.cn/sj/zxfb/202305/t20230509_1939290.html.

法权益受到侵害时，无法有力地代表劳动者和资方谈判。当找不到表达诉求的合法、合规渠道时，新生代农业转移人口以血缘、地缘为纽带组织起来的同乡会就变成了帮助新生代农业转移人口维权的重要组织。但是这一组织容易走极端，诉诸暴力，影响社会稳定。

5.合法维权意识有待提高

新生代农业转移人口维护自身权利的意识与第一代农业转移人口相比有所提升，但是由于对政策的了解不够，对法律的了解不足，所以很多人只是感性认识上觉得自己的权益没有得到充分保障，但是究竟如何受到侵害，如何合法维权，他们并不清楚。部分新生代农业转移人口并不记得企业是否和自己签订过劳动合同，也不懂劳动合同需要一式两份，企业和职工各持一份，对于劳动合同上的条款，更是从未在意，完全是企业的格式合同。有的新生代农业转移人口虽然遭遇过工资拖欠问题，但是只要随后足额补齐，就不了了之。对于权益遭到侵犯如何合法维权，大多数新生代农业转移人口并不清楚。

四、提供均等公共服务的挑战

1.公共就业服务体系不健全

我国公共就业服务体系不健全、功能不完善，基层公共就业服务机构缺乏，供给严重失衡，信息网络建设滞后，在为新生代农业转移人口提供就业服务方面存在明显不足。就业服务机构经费来源不足，缺乏专业人员，无法提供足够的公益服务，难以有效满足新生代农业转移人口的就业信息需求。就业服务机构服务不规范，针对性和专业性不强，服务手段单一，服务质量不高，信息收集和发布功能不健全，影响了就业服务的实效性。

2.随迁子女教育资源不足

关于农业转移人口，尤其是第一代农业转移人口的子女教育问题的讨论并不鲜见，政府目前也给予了足够的重视，出台了一系列政策保证他们的入学问题。

第一代农业转移人口外出务工年纪较大，子女教育往往只涉及义务教育阶段或是职业教育阶段。新生代农业转移人口由于外出务工的年龄较轻，所以子女教育呈现出不同的特点。新生代农业转移人口的恋爱、结婚、生子都是在打工的过程中完成的，因此孩子普遍呈现低龄化的状况，子女教育也随之延展到学前教育阶段。虽然有部分新生代农业转移人口考虑到打工地点的生活条件简陋，加之工作繁忙，无力照顾孩子，因此选择把孩子寄养在老家，由父母或亲戚代为看管。但是越来越多的新生代农业转移人口选择把孩子带在身边，虽然有了父母的陪伴，但是由于生活条件相当有限，这些儿童往往生存状况堪忧，他们的教育问题值得引起重视。

由于新生代农业转移人口他们平时工作太忙，无法抽出时间对孩子进行陪伴、教育，因此随迁子女大多数时候接受不到足够的家庭教育，甚至出现了幼童因无人照料被反锁在家中，以及儿童因家长照顾不周被拐卖等一系列悲剧。到了就学年纪，城市社会能够提供的学前教育、义务教育和升学考试资源也严重不足。虽然目前实行的"两为主"政策明确规定，新生代农业转移人口随迁子女具有在新生代农业转移人口流入地接受义务教育的权利，但是学前教育和高中教育并未包括在内。在学前教育方面，我国面临资源严重不足的情况，公办幼儿园入学需要具有户口、房本，新生代农业转移人口无法提供，好的私立幼儿园学费高昂，新生代农业转移人口无力支付，因此他们的子女大多进入条件比较差的民办幼儿园就读，甚至为了节省费用，不进入幼儿园就读，导致学前教育缺失。义务教育阶段虽然新生代农业转移人口随迁子女可以在流入地就读，但是相当一部分新生代农业转移人口随迁子女无法进入全日制公立小学读书，纵然在同一所学校，也无法和城市学生享受同等待遇。同时由于高考只能在户籍所在地报名，所以要提前回到户籍所在地就读，无法在城市参加中考和高考。和城市同龄人享受同等的教育服务以及教育权益对新生代农业转移人口随迁子女来说依旧可望而不可即。

目前我国第一代农业转移人口随迁子女的教育问题尚未得到妥善解决，新生代农业转移人口已经到了结婚生子的年纪，当他们的子女达到接受义务教育的年龄时，同样会出现第一代农业转移人口子女曾经出现过的两难问题。当他们将子女送回农村接受教育时，会面临留守儿童子女亲情缺失、隔代看护照顾不周、家庭教育缺失的问题，加剧农村留守儿童教育问题的严重程度。当他们将子女留在城市接受教育时，大多数孩子也只能在办学质量较差的民办学校学习，难以保证教育质量。另外，适龄儿童的失学辍学问题也普遍存在。从以上两个方面可以看出，与新生代农业转移人口有关的教育问题都值得我们给予关注。它们一方面关系到新生代农业转移人口能否适应城市社会并且融入其中，另一方面关系到新生代农业转移人口能否留在城市并且在城市里生活得更好，尤其是新生代农业转移人口子女的教育问题。如果不能妥善解决，有可能导致农业转移人口这个弱势群体的代际身份相传。因此，这两方面的问题需要我们着力解决。

3. 住房保障程度低

中国人的传统观念是安居才能乐业，因此在城里能不能拥有自己的住房成为新生代农业转移人口是否具有融入城市感的重要因素之一。自改革开放以来，房地产市场化之后，中国的房价随着经济发展、城镇化进程加速以及通货膨胀程度不断提升，全国的房价都在普遍抬升。对于城市居民来说，几乎每个人都是房地产市场化的受益者。但是对于农民群体来说，农村的房产无法带入城市居住，而城市居高不下的商品房价格又高不可攀。目前我国一线城市的房价已经很高，省会城市商品房均价也价格不菲，而新生代农业转移人口的平均收入基本在2000元左右，面对中国的房价只能有心无力地感叹一声城市居住的不易。

我国目前也没有能够切实解决新生代农业转移人口住房问题的政策或者意见出台，城市的住房保障体系虽然为低收入群体提供了公租房、廉租房和经济适用房，但是无一不要求住房保障对象具有本地城市户口。对于普遍没有城市户籍的新生代农业转移人口群体，这一要求相当于变相将他们排除在住房保障体系之外。新生代农业转移人口在城镇居住条件普遍较差，大多数人只能和很多人一起合租，挤在城中村低矮、破旧的房屋中，人均居住面积非常低，勉强达到生存的最低限，生活质量更是无从谈起。2015 年中央经济工作会议提出，启动农业转移人口住房需求，以农业转移人口城市融入实现房地产去库存化，并允许个体新生代农业转移人口用住房公积金购房。2022 年《"十四五"新型城镇化实施方案》提出，建立多主体供给、多渠道保障、租购并举的住房制度。但是如何让新生代农业转移人口买得起房、住得起房，或许是新型城镇化更应该着力解决的问题。

4. 看病难问题仍然突出

新生代农业转移人口从事的职业，职业病危害因素复杂，危险性较高，防护措施较少，因此新生代农业转移人口属于职业病高发群体，职业病防治形势严峻。解决新生代农业转移人口就医费用的是新农合和医疗保险。但是新生代农业转移人口参加医疗保险的比例较低。基本社会保障中，新生代农业转移人口除了工伤保险参与水平略高，其他险种参与率都不超过 25%。参保率难以得到实质性提高，其主要原因：一是因为新生代农业转移人口流动性较大，工作稳定性差，收入水平较低且没有保障，只能勉强支撑日常生活，无力支付相对较高的社保费用；二是因为新生代农业转移人口跨省流动日益增多，而社会保险转移制度不健全，保费跨区域转移难度大，降低了新生代农业转移人口参与医疗保险的积极性；三是因为一些企业社会责任感较差，为了减少成本，扩大企业利润率，违反《社会保险法》的相关规定，逃避参保义务。新型农村合作医疗制度在我国医疗保险中发挥了重要作用，解决了因病致贫和因病返贫的问题，基本实现了广覆盖的目标，减轻了新生代农业转移人口的经济负担，但是其设置初衷基本是针对大病风险，很难满足新生代农业转移人口日常的医疗服务需求。而且当前我国新农合定点医院医疗服务能力差，医院医疗设备落后，医疗人员素质参差不齐，专业技能低下，难以满足需求。特别是随着医疗费用的上涨，减轻负担的程度有限，加之报销规则有待进一步优化，对于低收入的新生代农业转移人口来说，获得城市正规医院的医疗服务的成本仍然比较高，他们患病后自我医疗的比例较高。

5. 文化生活建设整体匮乏

城市的休闲娱乐活动虽然较多，但是由于新生代农业转移人口受教育水平和工资水平的限制，并不能像城市居民一样，可以随意消费城市的公共文化服务。政府、企业和社区对新生代农业转移人口的关注仅停留在经济保障和权益保护层面，缺乏对精神文化生活的重视和关注，政府缺少经费投入，企业缺乏职工文化生活建设，社区没有文化生活活动，新生代农业转移人口的城市生活除了工作之外，缺乏消费闲暇的途径，业余生活缺少基本的文化娱乐方式，大多数人只能通过上网打发业余时间。2020 年，北京市外来新生代农民工业余时间的主要活动排在前三位的依次是：上网、休息和朋友聚会，其中上网占 60.1%，比上年同期提高 4.7 个百分点。[①] 新生代农业转移人口精神文化生活建设仍处于起步阶段，呈现整体匮乏状态。造成新生代农业转移人口精神文化空虚的原因是多方面的，但大多是与他们的工作特点联系在一起的。首先，限于我国的经济发展还停留在发展中国家水平，我国城市的公共文化设施建设不足，并且多位于主城区，但有相当大比例的新生代农业转移人口居住在房租和房价相对便宜的郊区，这就使得他们很难像城市居民一样方便地利用公共文化设施。其次，城市的文化消费品供给虽然丰富，但是价格同样不菲，而新生代农业转移人口的工作报酬普遍较低，对他们来说，精神文化消费品价格较高，这使得他们无法通过购买相关产品来满足精神文化需求，实现文化生活水平的提高。再次，新生代农业转移人口所在的工作单位大多属于边缘就业部门，这些企业一般属于劳动密集型企业，利润相对微薄，只是片面追求生产效益和利润空间而缺乏文化建设意识，缺乏为新生代农业转移人口提供文化活动的意识和经费。最后，我国政府在农业转移人口文化工作中也缺乏相应的意识，没有为他们建立稳定的农业转移人口经费保障机制。

---

① 2020 年北京市外来新生代农民工监测报告 [EB/OL].https://www.beijing.gov.cn/gongkai/shuju/sjjd/202107/t20210705_2428703.html?ivk_sa=1023197a.

6. "三留守"问题突出

农村青壮年大量进入城市务工，造成农村空心化现象严重。农村"993861"现象盛行，老人、妇女和儿童成为留守农村的主力。老人无人赡养，还要承担繁重的体力劳动，精神上无人关爱，体力上倍加劳累，生活上无人照料，生活质量较差；妇女夫妻分离，情感缺失，要照顾家里的孩子，田间耕作，遇事没有依靠，安全感极度缺乏；儿童和父母长期无法见面，只能通过电子产品联络，亲情缺失，缺少家庭教育，容易养成不良习惯，问题儿童较多。近年来留守儿童犯罪年龄愈发向低龄化发展。缺少监护人看护的留守儿童也容易成为不法分子的犯罪目标，农村留守儿童被侵害案件屡屡见诸报端。因此，农村"三留守"问题已经成为严重的社会问题，亟待解决。

第五章 典型城市对新生代农业转移人口城市融入的实践探索及经验

在我国由农业大国向工业大国转变的过程中，大量农业剩余人口在农村推力和城市拉力的共同作用下由农村向城市转移。在全国性的城镇化运动中，各地都面临农业转移人口城市融入的问题，各地政府在接纳农业转移人口的问题上做出了或深或浅的探索，一些城市形成了具有地方特色的农业转移人口城市融入政策和实践。我国幅员辽阔，区域经济发展不均衡，东、中、西部经济发展水平差别较大，在新生代农业转移人口城市融入进程中面临的矛盾和问题有一定差异，采取的政策也有不同的侧重。本书尽量选择能够反映各地差异的范本进行探讨。

第一节 北京上海对新生代农业转移人口城市融入的实践探索

自改革开放以来，伴随着我国工业化和城镇化的快速发展以及城乡流动壁垒的打破，在区域和城乡发展长期不均衡的背景下，在货币理性的驱动下，农村富余劳动力纷纷进入经济发达的城市寻找更多的就业机会和更高的收入。然而农村转移就业人口在为城市发展做出重大贡献的同时，却面临着城市公共服务缺失、劳动权益难以得到有效维护等问题。特大城市尤为显著，严重影响了新生代农业转移人口生活与发展质量的提升。鉴于此，各一线城市开展了一系列创新性的探索和实践活动。

一、北京市管理与服务并重的实践探索

进入 21 世纪以来，北京的新生代农业转移人口城市融入的政策理念发生了很大的转变，从以前管理为主，现在转变为提供服务为主。在震动全国的"孙志刚事件"之后，北京率先叫停了收容遣送制度，随后开始了大刀阔斧的革新，采取了一系列政策和措施，保障新生代农业转移人口的合法权益，切实解决新生代农业转移人口最关心的切身利益问题，着力推动新生代农业转移人口城市融入进程。

1. 提供完善的公共就业服务

2003 年，北京市在实践中取消了对劳动力进入北京务工的限制条件，2004 年废除了就业证。2005 年 3 月，为响应时代发展变化，北京市在政策层面与时俱进地废除了 1995 年制定的实施了 10 年的《北京市外地来京务工经商人员管理条例》，此举意味着对外地来京人员在务工、就业、经商、房屋租赁、卫生防疫等方面的限制被取消，政府将对其实行与北京市民一视同仁的管理和服务。[①] 与此同时，直面行政模式改变的挑战，改革相应的政策法规，使之与新服务理念配套，为外来人口提供更好的服务。同时，面对北京市人口膨胀，进城务工人口众多的状况，北京市通过就业补贴专项转移支付资金，专门开设公共职业介绍机构，提供公益性就业服务，为新生代农业转移人口群体免费提供求职讯息，拓宽就业门路。2016 年，《北京市人民政府关于进一步做好为农民工服务工作的实施意见》出台，着力引导农民工稳定就业，着力维护农民工的劳动保障权益，着力推动农民工逐步平等享受城镇基本公共服务，着力促进农民工融入社会。新生代农业转移人口进城务工具有季节性，每年春节过后属于求职高峰期，针对这一特点，北京市启动了一年一度的"春风行动"，每年春季在火车站和汽车站设立公共服务站点，引导新生代农业转移人口流动，帮助新生代农业转移人口尽快找到合适的工作。2023 年 2 月，北京市人力资源和社

---

① 北京取消对外地来京务工经商人员的限制性规定 [N]. 甘肃日报，2005-03-26.

会保障局启动"2023 年春风行动暨就业援助月"专项服务活动，主要集中帮扶有就业创业意愿的农村劳动者、受疫情影响滞留或主动留岗的在京务工人员、城乡就业困难人员等劳动者就业创业，提供"一人一策"援助计划。[①]

2. 提供职业技能培训服务

新生代农业转移人口群体虽然务工热情很高，文化程度相比第一代农业转移人口也有很大提升，但是他们的职业技能水平依旧处于较低水平，与职业需求还有很大的差距。为加强新生代农业转移人口职业技能水平，北京市开展了"订单式"培养模式，不仅对新生代农业转移人口进行职业技术工人必备的职业技能培训，同时也针对不同工种，开展专门的专业技能培训。考虑到新生代农业转移人口群体的经济状况，为减轻他们的经济负担，根据户籍所在地的不同，分别给予不同程度的资助。对拥有本市户籍的新生代农民，北京市专门在支农资金和市就业再就业资金中划出一定的数额，根据培训是否达标、参加培训后的就业率，按照不同的标准，分门别类发放补贴。对于外来的新生代农业转移人口，通过中央专项补贴资金，在校企合作的定点学校范围之内，根据新生代农业转移人口取得的职业资格证书级别的不同，分别给予培训学校相应额度的补贴。2007 年，为适应职业技术培训社会化、多样化、个性化的趋势，北京市又对此项政策进行了调整，扩大了补贴范围，把社会机构、个人培训和短期岗位技能提升培训纳入其中，以期实现使新生代农业转移人口享受到更优质、更广泛职业技能培训的目的。2009 年之后，为应对金融危机对新生代农业转移人口就业的影响，北京市又加大了职业培训力度。2011 年，提供建筑业新生代农业转移人口专属技能培训，为家政服务员提供免费技能培训。2018 年，密云区提出"四个对接"理念：技能培训与市场需求对接、技能培训与就业岗位对接、技能培训与技能鉴定对接、技能培训与培养维权意识对接，大力开展农村劳动力技能培训工作。延庆区作为 2019 年北京世界园艺博览会举办地、2022

① 北京启动 2023 年春风行动　重点帮扶劳动者就业创业 [EB/OL] . http://www.gov.cn/xinwen/2023-01/05/content_5735177.htm.

年北京冬奥会和冬残奥会三大赛区之一，于 2018 年 5 月启动了"服务东奥世园、促进绿色发展"培训行动，将园区建设与就地城镇化相结合，结合重大赛事开展农业转移人口职业技能培训，构建起"政府发单、群众点单、机构接单、企业收单"全培训链，保障了冬奥会和世园会用工需求。截至 2021 年 11 月，围绕餐饮、交通等冬奥会和世园会保障领域，以及滑雪志愿者、应急救护志愿者、滑雪教练员、无人机驾驶员等职业，开展各类培训 9.7 万人次，培训后就业 7000 人。①

3. 完善劳动权益保障服务

针对劳动合同签订率低下的问题，北京市专门推出了劳动合同的简易版本，并派出专人，在新生代农业转移人口比较集中的行业进行讲解，指导新生代农业转移人口如何签订劳动合同。建立"绿色通道"，快速处理、优先解决新生代农业转移人口工资拖欠问题。对于拖欠薪水时间长、规模大、群体广的重灾区建筑行业，成立专门的机构调查、处理、解决，致力于解决欠薪问题，努力让新生代农业转移人口拿到自己的血汗钱。2007 年，针对欠薪领域积重难返、沉疴难治的状况，北京市出台了新文件，规范工资支付制度，并明确提出了不签订劳动合同的赔偿办法。为提高新生代农业转移人口面对资方的议价能力，北京市还推动新生代农业转移人口比较集中的建筑、保洁、家政、保安、环卫行业建立工会组织，并推动新生代农业转移人口加入工会，鼓励他们通过组织合法、合规的维护自己的合理利益诉求。2011 年，北京市出台《北京市人民政府关于进一步解决拖欠农民工工资问题的意见》，严禁组织或个人拖欠工资。2015 年，为保障工资支付，北京 8 部门联手，专项整顿拖欠农民工工资问题，确保农民工工资零拖欠。2018 年 11 月 22 日，北京市召开 2019 年春节前保障农民工工资支付工作推进会，要求 12 月 1 日起成立联合办公平台，部署了"全面自查自纠、拉网式全面检查、落实清偿欠薪责任检查、重大违法案件社会公布"

---

① 国家发展和改革委员会，何立群，胡祖才. 国家新型城镇化报告 . 2020–2021[M]. 北京：人民出版社，2021: 68.

等"六个一"工作，汇总拖欠农业转移人口工资黑名单，保持市政府投资项目"零欠薪"目标。2022年，北京市人社局联合相关部门共同研究出台《北京市工程建设领域农民工工资支付综合监管实施方案》，打造农业转移人口工资支付"6+4"监管体系，保障农业转移人口权益。

4. 完善社会保障制度

北京市新生代农业转移人口数量众多，因此提高社会保障参保率要逐步进行，北京市的选择是从阻力相对较小的医疗保险和工伤保险开始，重点提高医疗和工伤两项社会保险的参保率，规定用人单位要先行办理医疗和工伤两大保险。这两项保险和企业的利益相关，相对来说推行阻力较小。北京市专门出台了《北京市外地农业转移人口参加工伤保险暂行办法》，确保每一个北京务工的新生代农业转移人口参保，如有应保未保的情况发生，按严重程度对企业进行处理。该办法出台4年后，劳动监察部门针对农业转移人口集中的建筑业进行了工伤保险参保情况检查，对没有按照规定为新生代农业转移人口参保的用工单位进行相应处罚。2014年，为贯彻落实国务院四部门联合下发的《关于进一步做好建筑业工伤保险工作的意见》，北京市将建筑业从业人员特别是农业转移人口纳入工伤保险保障范围。2018年上半年，北京市新开工项目80%以上按项目参加了工伤保险，建筑业流动农业转移人口将全部纳入工伤保险，保障他们的合法权益。在医疗保险方面，2012年，北京市出台《关于本市职工基本医疗保险有关问题的通知》，打破了参保人员身份和地域，确保农业转移人口纳入本市城镇职工基本医疗保险制度体系，使农业转移人口与城镇职工实现医疗保险制度的统一。2017年，北京市人民政府印发《北京市城乡居民基本医疗保险办法》，要求建立统一的城乡居民基本医疗保险制度。2023年，北京城乡居民基本医疗保险参保人员在一个医疗保险年度内发生的门急诊封顶线达到4500元，住院封顶线达到25万元。对于新生代农业转移人口随迁子女的教育问题，北京市也出台了一系列文件，保证这些孩子能够在附近的学校借读、升学。北京市规定，自2013年起，凡进城务工人员持有有效北京市居住证明，有合法稳定的住所，合法稳定职业已满 3 年，在京连续缴纳社会保险已满 3 年，其随迁子女具有本市学籍且已在京连续就读初中 3 年学习年限的，可以参加北京市中等职业学校的考试录取。自 2014 年起，凡进城务工人员持有有效北京市居住证明，有合法稳定的住所，合法稳定职业已满 6 年，在京连续缴纳社会保险已满 6 年，其随迁子女具有本市学籍且已在京连续就读高中阶段教育 3 年学习年限的，可以在北京参加高等职业学校的考试录取。2023 年北京市规定符合以下条件的农业转移人口随迁子女，可以在北京参加高考（限高等职业院校）：（1）进城务工人员持有在有效期内的北京市居住证、居住登记卡或工作居住证。（2）在京有合法稳定住所。（3）在京有合法稳定职业已满 6 年。（4）在京连续缴纳社会保险中的基本养老保险或基本医疗保险已满 6 年（2017 年 9 月至 2022 年 8 月是连续，不含补缴；疫情期间缓缴的保险，按北京市缓缴政策执行）。（5）随迁子女具有本市学籍且已在京连续就读高中阶段教育 3 年学习年限。此举有利于解决新生代农业转移人口的后顾之忧。

二、上海市缓解"新二元结构"的政策与实践

上海是我国 GDP 总量最高的城市，也是农业转移人口外出务工首选的城市。自改革开放以来，输入上海的农业转移人口数量与日俱增。近年来，新生代农业转移人口数量也越来越多，在沪新生代农业转移人口居留意愿位居全国首位。上海在享受巨大人口红利对城市经济发展做出贡献的同时，也饱受城市"新二元结构"的困扰。上海市委、市政府突出政策创新，逐步提高外来人口待遇，在缓解城市"新二元结构"方面出台了相关政策以及实践，为特大城市缓解"新二元结构"提供了一定的借鉴。

1. 推进居住证积分制改革

上海市政府充分发挥居住证的功能和作用，以居住证积分制改革为抓手，创新居住证积分化管理，完善以居住证制度为核心的外来人口管理和服务制度，使居住证成为在沪外来人口租房、就业以及享受公共服务和参与社会管理的前

提和基础，形成联动格局，更好地为在沪外来人口融入上海创造条件。上海市政府规定，在本市工作 5 年以上的具有外省市户籍的农业转移人口，如果获得上海市优秀农业转移人口称号，在符合申请条件的情况下，可参照"在本市做出重大贡献并获得相应奖励"申办常住户口。在优秀农业转移人口的评选比例上，一线农业转移人口要占 80% 以上，同时必须包含一定数量的女性农业转移人口。被评为上海市农业转移人口先进个人的，可参照引进人才的有关规定，申办居住证。

根据权利和义务对等原则，以居住证制度为基础，在符合上海市政府资源供给能力的前提下，根据外来人口在上海的居住时间、工作情况、参保纳税、诚信记录，有梯度、分层次地向持有不同等级居住证的新生代农业转移人口提供相应水平的公共服务，形成"1+X"公共服务构架。"1+X"中的"1"指的是维持基本生存所需的就业、卫生、计划生育、随迁子女义务教育等基本公共服务，只要满足稳定就业和居住条件的外来人口都可以无条件享受。在"1"的基础上，按照居住时间、工作情况、参保纳税、诚信记录等贡献度，拓展"X"。根据不同程度的贡献度扩展服务领域，增加服务深度。对应不同类别的居住证制定相应的基本公共服务详细目录。居住证积分达到转为本地户籍的分数段后，即可享受与本地户籍居民一致的公共服务。

提高财政统筹层次，为外来人口管理服务提供财力支撑。上海市逐步加大对公共服务的财政投入，对教育、医疗等的财政投入模式逐渐转变到全市一盘棋的统一轨道上，逐步向外来人口享受统一标准的管理服务努力。建立以常住人口为基数的财政投入机制，明确市、区、街镇三级资金投入责任，建立全市统一的资金标准，市级财政确定建立区、街镇的最低投入额度，区、街镇可依据实际财政状况进行调整。建立市级财政专项平衡基金，采用项目投入等方式对"新二元结构"突出的区域进行有针对性的改善。

2022 年，上海市人民政府印发修订后的《上海市居住证积分管理办法》，进一步改革居住证积分制，针对在上海市工作、居住，持有《上海市居住证》，并参加上海市职工社会保险满 6 个月的境内来沪人员，通过设置积分指标体系

（包括基础指标、加分指标、减分指标和一票否决指标），将个人情况和实际贡献转化为相应的分值。积分达到标准分值的，可以享受相应的公共服务待遇。

2. 构建规范的劳动力市场

上海市本着公平对待的理念，致力于为来沪新生代农业转移人口提供优质的就业服务。在政府的扶持下，上海发展起了一批专业度高、规范经营、信誉良好的中介机构，为来沪新生代农业转移人口提供优质可信的就业服务。为更好地服务于更多的新生代农业转移人口群体，上海市政府不仅发展商业化的中介服务，也致力于建立公共就业服务中心，免费为新生代农业转移人口提供求职咨询、就业指导、社会保险普及等公共就业服务，为方便新生代农业转移人口，在各县市区开设公共就业服务窗口，确保他们能够就近获得免费的公共就业服务。为方便新生代农业转移人口求职，在新生代农业转移人口数量较多的社区开设专场招聘会，确保信息共享，推进建立覆盖全市的职业信息平台，在此基础上，分区域，分步骤，分层次向新生代农业转移人口逐步开放上海地区所有的公共信息服务机构。在国家统一发起的"春风行动"中，上海也不落人后，在新生代农业转移人口主要到达的火车站广场，在大屏幕上滚动播放就业信息，帮助新生代农业转移人口在最短时间内找到最适合自己的工作。2023 年 1~3 月期间持续开展"2023 年春风行动暨就业援助月"专项服务活动。此次活动以"春风送真情　援助暖民心"为主题，集中为有就业创业意愿的农村劳动者、符合认定条件的就业困难人员以及有用工需求的用人单位提供就业帮扶。活动期间，上海市各级公共就业人才服务机构将组织开展 250 余场就业服务活动。通过密集组织招聘活动、广泛进行政策宣传、"对点对"劳务协作对接、"一对一"开展困难帮扶、强化重点企业用工保障等方式，努力实现"就业有支持、用工有保障、满意有提升"的活动目标。[①]

① 　上海市"2023 年春风行动暨就业援助月"专项服务活动启动 [EB/OL].https://baijiahao.baidu.com/s?id=1753873930364340445&wfr=spider&for=pc.

3. 完善职业技能培训政策

提高职业技能才是新生代农业转移人口在沪立足之本，针对新生代农业人转移人口强烈的职业培训需求，上海市加大职业技能培训力度，逐步完善职业技能培训政策。2010 年上海市采取了"农民工技能提升三年行动计划"以提升新生代农业转移人口的职业技能。该计划旨在引导新生代农业转移人口在业余时间积极学习、充电，针对上海市技术工人紧缺的行业，对新生代农业转移人口进行职业技能培训。对于参加培训的新生代农业转移人口给予相应数额的补贴，鼓励他们不断磨炼自己，努力钻研技艺，提升业务职称，努力为成为社会需要的高级技师而奋斗。这一计划实施之后，上海市逐步完善培训政策、扩大培训覆盖范围，增加了新生代农业转移人口就业稳定性的同时，也为上海制造业提供了一批掌握先进技术的技工大军。三年间上海市对 50 万名农业转移人口进行了职业技能培训，对于参加培训的新生代农业转移人口，拥有本市户籍，或者累计缴纳上海市社保满 6 个月，或培训合格 4 个月内上岗后缴纳上海市社保的，经鉴定确认为培训合格的，可以有资格获得政府发放的 350 元 / 人的培训补贴金。同时，对于实力雄厚的企业，政府支持并鼓励其在企业内部对职工进行有针对性的岗位和技能培训，经考核合格后，政府补偿金一次到位。鉴于此计划实施效果良好，2013 年上海市进入第二个"三年行动计划"执行期，培训数量也提升到每年 20 万人。2014 年至 2016 年，上海市开展农民工职业技能培训 76.96 万人次，其中等级工培训 49.79 万人次，占培训量的 62.27%。2017 年，上海市开展职工培训 99 万人次，其中农民工就达到 49.6 万人次。2018 年市共开展农民工培训 46.26 万人次。新冠疫情防控期间，鼓励用人单位开展针对农业转移人口的线上职业技能培训，2022 年上海市人社局出台了《关于做好当前农民工服务保障工作的通知》，每人每个培训项目补贴 600 元，每人最多可享受 3 次补贴。全力保障疫情期间新生代农业转移人口的权益。

4. 改革完善社会保障制度

2011 年开始，上海市逐渐将新生代农业转移人口纳入城市社会保险的序列，各项保费水平皆有大幅提升，是新生代农业转移人口在社保方面和上海市居民享受同等待遇的开始。在工伤保险方面，2015年上海市人力资源和社会保障局印发《关于进一步做好本市建筑业工伤保险工作若干意见的通知》，切实维护建筑施工企业从业人员工伤保险权益，2022年上海市人社局等十部门联合下发《关于做好本市工程建设项目参加工伤保险工作的通知》，详细规定了工伤保险的参保缴费标准、工伤认定和劳动能力鉴定、保险待遇、经办服务等。只要相关医疗机构出具鉴定结果，就可以领取保费。在养老保险方面，完善异地转移和接续政策，一旦新生代农业转移人口离开上海，个人账户中的养老保险金可以按政策进行转移。在子女教育方面，上海市坚持实行"两为主"原则，保障在沪新生代农业转移人口随迁子女的教育问题，扩大公办学校借读规模和就读容量，确保所有公办学校持续扩大招生规模，尽量保障新生代农业转移人口的子女进入公办学校就读，加强对民办农业转移人口子弟学校办学资质的审查，对于不合格者坚决关停，对于合格者提高办学质量。保障随迁子女的教育条件和教学质量，提高上海籍学生对非上海籍学生的接纳程度。2023年3月30日，上海市教委公布《2023年本市义务教育阶段学校招生入学工作的实施意见》，延续便民服务、不挑生源、促进优质均衡的义务教育政策导向，继续为新生代农业转移人口子女提供与上海市民同等的义务教育服务。

5. 完善落户和住房政策

关于新生代农业转移人口在上海市落户的问题，上海市政府规定，在本市工作5年以上的具有外省市户籍的农业转移人口，如果获得"上海市优秀农民工"的称号，在符合申请条件的情况下，可以在上海落户。上海市优秀农民工每年100个名额，上海市农民工先进个人每年300个名额。上海市农民工先进个人申请居住证积分可加60分。在优秀农业转移人口的评选比例上，一线农业转移人口要占80%以上，同时必须包含一定数量的女性农业转移人口。被评为上海市农业转移人口先进个人的，可参照引进人才的有关规定，申办居住证。在住房政策的制定上，上海市政府管理和规范住房租赁市场，强化房屋租赁备案管理，规定了出租住房的最低标准，以满足新生代农业转移人口基本生活为标准，要求出租房屋的人均建筑面积不得低于 10 平方米。

第二节　郑州武汉对新生代农业转移人口
城市融入的实践探索

相比东部地区，中部地区发达程度较低，输出农业转移人口的数量较多，综合考虑到经济发展、社会进步程度以及农业转移人口输出数量三个因素，选取郑州和武汉两个省会城市进行分析。

一、郑州市推进农业转移人口城市融入的政策和实践

作为人口大省和农业大省的河南省，是全国最大的农业转移人口输出省。郑州市作为河南省的省会城市，吸纳了大量本省的新生代农业转移人口。近年来，随着农业转移人口规模的不断扩大，郑州市响应国家的要求，高度重视农业转移人口工作，结合本地实际，出台了一系列政策，转变理念，取消歧视性政策，大力推动农业转移人口融入城市的发展，出台了一系列具有借鉴意义的相关政策规定。

1.深化户籍制度改革

户籍制度改革是新生代农业转移人口融入城市的重要方面。中国之所以形成"农业转移人口"这一特殊群体，和转型期国家城乡二元分割的户籍制度以及附着在其上的福利制度有直接的关系。因此各地在推进新生代农业转移人口融入城市的过程中，一直在深化户籍制度改革，郑州市的改革无疑走了全国前列。早在本世纪初，按照河南省的要求，郑州市就专门出台了相关文件，促进新生代农业转移人口在城市流动，同时取消了农业转移人口进城就业的限制以及企业招聘流动人员的限制，扩大企业用工自主权，只要双方达成用工意向，农业转移人口就可以进入企业工作。双管齐下，同时为农业转移人口提供市场化的就业服务和公益性的中介服务，努力提供优质高效的就业信息服务，为确

保服务质量，有关部门会对中介机构进行日常巡查和专项检查，致力于为农业转移人口提供一个良好的就业环境。对于已经就业的农业转移人口，建立了农业转移人口就业备案制度，人来登记、人走注销，方便对于农业转移人口的流向和就业情况进行监测，实行动态管理。

2003 年，郑州市进一步深化户籍制度改革，在全市范围内取消了农业户口，把全市户口统一为"郑州居民户口"。同时进一步降低了郑州市落户的条件，放松了在郑州市落户的学历和住房限制，中技以上学历人员、在郑州市有住房人员，都可以办理郑州市户口。在郑州市纳税达到 10 万元以上的可办理户口，在郑州市有亲属的，也可以投靠的方式办理户籍，并在当地就读。郑州市这些创新的政策走在了全国前列，但是也带来了一系列社会问题，入户门槛降低之后，涌入郑州市的人口激增，给城市交通、社保、教育、治安、管理和服务带来了巨大的压力。因此郑州市对户籍改革做了修改，取消了亲属投靠，规定只有直系亲属方可投靠入户。2015 年 12 月出台的落户新政规定空挂户直系亲属无法挂靠。之后更是恢复了暂住证制度。对于新生代农业转移人口群体，与国有企事业单位签订劳动合同的、"十佳百优"务工人员、具有大专学历、经过中职学校培训的可入郑州市户籍。2015 年 12 月出台的落户新政，对于购房者进一步放松了落户限制，一房最多可落七人户口。2019 年，郑州市降低落户条件，郑州市中心城区落户年限由持有居住证满 5 年降低至满 1 年，县（市）、上街区落户条件降低至持有居住证即可，参加城镇社保的落户年限也有所降低，在郑州市中心城区由参加城镇社会保险满 2 年降低至满 6 个月，县（市）、上街区不要求时限。2023 年，郑州市正式实施《关于进一步深化户籍制度改革的实施意见》，进一步降低落户条件，调整为以经常居住地登记户口，取消落户年限限制，实施中心城区和县(市)、上街区无差别化落户政策，几乎实现了"零门槛"落户。

2. 大力发展职业技术教育

新生代农业转移人口城市居留的意愿虽然强烈，但是真正能决定他们城市居留能力的还是职业技术水平。因此为提升新生代农业转移人口融入城市能力，促进新生代农业转移人口融入城市进程，郑州市大力发展中等职业技术教育，加大对中等职业技术教育的投入，提升办学条件，积极探索新模式，增加新生代农业转移人口接受职业技术教育的规模，以期提升人力资本水平。郑州市针对职业教育相对薄弱的问题，统筹整合教育资源，提高职业技术学校教育质量和水平。经过一系列合并重组之后，把之前的 20 所学校缩减为 11 所，学校数量虽然有所减少，但是有效提升了学校质量，同时对整合后的这 11 所学校进行布局调整，确保每个区都有两所学校，使新生代农业转移人口能够就近接触到优质的职业技术教育。在整合教育资源的基础上，郑州市还提出了指导职业技术教育发展的专业建设思路，通过加强学校与学校之间、城市和乡村之间以及学校和企业之间的合作，打造优质学校和专业。根据求职市场上最热门、需求量最大的 8 个专业，分别建立了 8 个职业教育集团。建设打造专业的、现代化的升级职业教育示范园区，吸引 6 所学校入驻其中，并确保进驻园区的学校每一所都具有 2~3 个优势专业，同时在园区内进行资源共享，保证学生能够享受到最好的教育资源。对于就读中等职业院校的学生，郑州市也实行优惠政策。郑州户籍的学生减免学费，对于非郑州户籍的学生，家庭困难的，给予免费就读的政策，其他的，给予相应的学费补贴政策，减轻学生就读的学费压力。在新生代农业转移人口培训方面，一改其他省市先培训再就业的方式，而是反其道而行之，学校先与企业签订合同，确认每个专业的市场需求数量，然后再根据企业招工数量定向招收学生，学生经过培训合格后，即可在相关企业就业。这种先确定岗位、再进行招生的方式得到了企业和新生代农业转移人口的一致好评。在郑州市正确政策和先进理念的推动下，职业教育理念不断提升，学校教育和社会需求度的贴合愈加紧密，有效提高了新生代农业转移人口的职业技术水平和就业率。

3. 解决农业转移人口看病难的问题

目前我国的新农合统筹层次低，无法适应新生代农业转移人口流动性大的时代趋势，导致农业转移人口异地就诊报销难度大。因此郑州市进行了多种尝试，针对在不同范围内流动就业的新生代农业转移人口推出了不同的措施，缓解了报销难的问题。对于在市内流动就业的新生代农业转移人口，郑州市推出了"一证通"服务，同时启动市级直补工作，所有参加新农合的新生代农业转移人口，在定点医院持医疗证就诊之后，可直接领取补助。对于在省内各地流入郑州就业的新生代农业转移人口，郑州市协调各劳动力输出大市和郑州市合作，协同参与跨区直补，为新生代农业转移人口提供便利，以便他们生病时能够及时就医，并及时拿到报销款，减轻他们的负担。

4. 注重建设和谐劳资关系

新生代农业转移人口群体追求权力平等，维权意识强烈，渴望得到同等"市民待遇"，因此当他们的合法权益受到侵害时，就会使劳资关系矛盾频发，甚至引发一些恶性事件。因此，郑州市防患未然，注重调解劳资矛盾，构建和谐劳资关系，监督劳动合同签订、督促企业按时发放工资、足额缴纳社保，倡导企业尊重新生代农业转移人口、培养新生代农业转移人口，帮助新生代农业转移人口创业，提升他们在企业中的地位。例如河南省长通物流公司推出的创业平台，帮助新生代农业转移人口提升技能后，委派有开拓能力的员工开辟新线路，成立分公司，自己做经理。对于驾驶技术熟练的新生代农业转移人口，让他们以承包货车的方式为公司服务。对于有组织能力的新生代农业转移人口，负责路线库装卸。对于有商业头脑的新生代农业转移人口，公司投资物流房，让其独立经营。这些措施大大提升了新生代农业转移人口的工作能力和收入水平，是他们能在城市安居乐业的重要推手和支持力量。

郑州市推动新生代农业转移人口融入城市的做法基本符合本地的实际情况，也取得了一些有益的经验，但是仍然存在一些问题。比如郑州市的新生代农业转移人口群体非常庞大，他们已经出现了阶层分化，各个阶层之间收入差别较大，对融入城市政策的诉求也产生了分化。其中少数做经营的新生代农业转移人口收入较高，但是大多数新生代农业转移人口依旧徘徊在最低工资标准水平上。因此，如何提升低收入新生代农业转移人口职业技能，从而提高其工资水平，这是摆在郑州市政府面前的一个艰巨又亟待解决的问题。郑州市户籍改革的方向业已明确，但是在城市人口激增的情况下，本就紧张的城市公共资源如何分配，加快户籍制度改革速度固然是体现公平正义的政治正确，但是也要和经济社会发展的速度相符合。统一城乡户口名称固然是身份平等的一种进步，但是更重要的是要消灭附着其上的城乡二元制度，均衡城乡之间和区域之间的资源配置，不然只会增加城市负担，逼迫改革走回头路。

二、武汉市推进公共服务均等化的实践探索

湖北省武汉市是我国中部重要城市，号称"九省通衢"。由于其为中部最发达的省会城市，吸纳劳动力能力比较强，因此湖北省内流动的新生代农业转移人口大多数输入武汉。武汉市高度重视农业转移人口融入城市问题，为了能够让新生代农业转移人口安心就业、生活，着重推进基本公共服务均等化，在就业促进、权益保护、社会保障等诸多方面积极创新，取得了明显效果。具体内容如下。

1.提升就业服务质量，加强职业技能培训

为贯彻中央精神，武汉市针对新生代农业转移人口日益成为农业转移人口主体的情况，为更好解决新生代农业转移人口就业，为其提供职业技能培训服务。以"春风行动"为依托，提供全方位的就业服务，免费提供信息咨询、技能培训、心理支持、招聘信息，经过培训的新生代农业转移人口，绝大多数找到了适合的工作岗位。2016年，武汉市出台《武汉市人民政府关于进一步做好为农民工服务工作的意见》，计划到2020年，武汉市转移农村劳动力25万人，开展农民工职业技能培训25万人次。2021年，武汉市开展"就业援助月"等活动，建成23家零工驿站。2022年，为促进农村劳动力转移就业，落实"就业兴乡"工程和"我兴楚乡，创在武汉"返乡创业行动，武汉市建立健全农民工就业服务信息化网络平台，建立城市圈劳务协作联盟。

2.保障随迁子女教育，推进城市社会融入

在保障新生代农业转移人口随迁子女受教育方面,武汉市走在了全国前列,对农业转移人口随迁子女一视同仁,要求义务教育阶段以公立学校为主接收新生代农业转移人口随迁子女入校就读。如武汉市在制定教育发展规划时就将新生代农业转移人口随迁子女纳入考虑范围内制定教育经费预算、按比例核定教师编制,对于新生代农业转移人口随迁子女和武汉籍学生适用于同一标准。新生代农业转移人口随迁子女入学之后,对其推行"融合教育",帮助他们融入城市、融入社会、融入学校、融入班级、融入同学,开展"六项行动",帮助新生代农业转移人口随迁子女养成良好的学习习惯,关注他们的心理健康,促进健康性格、健全人格的养成,使新生代农业转移人口随迁子女成长为各方面素质合格的好少年。2020年,武汉市中小学生人均公用经费标准超出国家标准800元,基本实现了随迁子女"进得来""读得起",与户籍子女享受同等待遇;随迁子女接受义务教育人数近14万人,其中在公办学校就读的比例超过97%。[①]学校对新生代农业转移人口随迁子女的教育问题比较关注,九年义务教育结束之后,很多农村的学生大多数都选择了职业教育,以期快速走上工作岗位。因此武汉市更进一步推进义务教育、职业教育和企业需求之间的衔接。从事职业教育的学校虽然在城市,但是要面向农村招生。同时学校教授的技能要符合市场和企业的用工要求,使学生培训完毕,进入企业就可以立即上手,中职学生在入学后也可以把户籍转入武汉。

3.扩大住房保障覆盖，解决农业转移人口居住问题

为解决新生代农业转移人口居住问题,武汉市推出了公租房、廉租房和经济适用房。对于吸纳新生代农业转移人口就业数量较多的企业,准许其在企业用地内自行建设集体宿舍,对于新生代农业转移人口分布较为集中的经济开发区,统一建设集体宿舍租给企业使用。规范房屋租赁中介市场,保证没有集

---

① 国家发展和改革委员会,何立群,胡祖才.国家新型城镇化报告.2020-2021[M].北京:人民出版社,2021:55.

体宿舍居住的新生代农业转移人口可以获得需要的租房信息。武汉市推出并建成了专门的农业转移人口公寓，内设独立厨卫，解决农业转移人口居住问题。2023年，武汉市对外来务工人员住房租赁补贴标准同于本市公租房保障政策中单身居民标准，补贴系数为0.4，对申请人本人发放，外来务工人员每月可领取住房租赁补贴240元。领取租赁补贴时限累计不超过36个月。

4. 深化户籍制度改革，促进农业转移人口融入城市

针对新生代农业转移人口强烈的城市居留渴望，武汉市逐步深化户籍制度改革，促进新生代农业转移人口融入城市，针对不同层次的城市采取不同的策略，逐步降低落户城市的门槛。2006年，湖北省取消了城乡户口的区别，将湖北省居民统一登记为"湖北居民户口"。在此基础上，武汉市也开始逐步放宽落户限制，除武汉中心城区之外，在城市中有固定住所和稳定生活来源的居民可以登记为城市户口，并与城市居民享受同等的城市公共服务。2016年，武汉市人民政府发布《关于进一步推进户籍制度改革的实施意见》，对具有全日制大学专科和非全日制本科及以上学历，在汉就业创业，有合法稳定住所（含合法租赁）的非本市户籍人员，年龄在30周岁以内，在汉连续参加城镇社会保险1年以上，本人可申请登记武汉市常住户口。2021年，武汉市人民政府印发了《关于调整完善落户政策相关条件的实施意见》，对各类人才落户武汉敞开大门，非本市户籍人员（男不满45周岁、女不满40周岁）在开发区和新城区就业创业的，放宽到就业单位缴纳或者个人（含灵活就业人员）缴纳本市企业职工基本养老保险连续6个月以上（不含补税），创业的正常经营满6个月，即可申请落户。在新生代农业转移人口融入城市的过程中，户籍固然重要，但更重要的是户籍背后隐含的公共服务。武汉市在这方面也一直在加强，推动公共服务均等化，加强对农业转移人口的公共服务。武汉市的最低工资标准和城乡最低保障标准一直在逐年提升，新生代农业转移人口到社区医院看病免收五项费用。为促进新生代农业转移人口融入城市，武汉市组织新生代农业转移人口参与城市基层公共事务管理，参加居住社区选举。

综上可见，湖北省武汉市对于如何推进公共服务均等化做出了一系列有益的尝试，充分保障了新生代农业转移人口权益，促进了新生代农业转移人口融入城市。下一步还需要以户籍制度改革为切入点，逐步解除福利政策和户籍制度的绑定，进一步推进公共服务均等化，加大对公共服务的财政支持力度，完善公共服务措施，解决具体问题，弥合城乡差别，扩大新生代农业转移人口在城市的政治参与权，加强工会组织建设，使工会尽快成长为新生代农业转移人口表诉求达的载体。

第三节　重庆西安对新生代农业转移人口城市融入的实践探索

一、重庆市统筹城乡公共服务体系的政策与实践

作为西部唯一的直辖市，山城重庆的"二元经济结构"非常突出，重庆市的大城市与大农村并存，大山区与大库区同在。重庆市人口的一半以上来自于周边的农村地区，重庆市兼具农业转移人口输出大市和就业大市的双重身份。作为吸纳农业转移人口的大市，重庆自作为直辖市以来出台了多项措施解决农业转移人口融入城市问题，取得了一定的成效。2007年，重庆成为全国统筹城乡综合配套改革试验区，很多举措的创新走在了全国前列。因此对重庆统筹城乡公共服务的政策进行研究，具有重要意义。

1. 统筹城乡就业管理制度，推进就业服务均等化

成为试点城市之后，重庆市继续采取措施统筹城乡就业管理制度，推进就业服务均等化，提升农业转移人口就业服务机构的数量和就业服务的质量，大力开展农业转移人口技能培训。为鼓励农业转移人口参与职业技能培训，实施数个国家资助培训项目，培训后进行职业技能资格等级鉴定，2007年对培训合格的农业转移人口给予500元/人的在岗培训补贴，2009年，补助的额度又增加到了600元/人。对于进入职业技术学院学习的农业转移人口，每人每年的

补贴额度达到 2000 元。为缓解 2008 年全球次贷危机对农业转移人口就业的影响，重庆市于 2009 年推出了"阳光工程"计划，在包括重庆市以及东南沿海发达城市的农业转移人口主要输出地建立农业转移人口就业基地，帮助农业转移人口找到适合自己的工作。对于返乡自主创业的农业转移人口，重庆市也有相应的措施进行专门培训，提升农业转移人口创业的成功率。通过"阳光工程"，重庆市培育出了"重庆师傅""石龙技工""黔江海运"等一批在全国有影响力的培训输出品牌。据统计，2009 年重庆"阳光工程"共培训农业转移人口 20 余万，就业率在 90％以上，接受"阳光工程"培训就业的农民比未受训农民月均收入高 300 多元。[①] 配合"阳光工程"计划，还有培养农村新型人才的"雨露计划""农村实用技术培训"，帮助新生代农业转移人口弥补缺失的农业生产技能。2015 年，重庆市又推出了农业转移人口培训补贴直补个人政策，按照市场需求紧缺程度给予不同程度的补贴，并向社会公布培训成本和不同职业的市场需求程度。2021 年，重庆市共有 600 多所职业院校、民办职业培训学校开展农民工技能培训。农民工参加不同工种、不同等级培训的，每年最多可享受 3 次培训补贴。2019 年至 2021 年，实施职业技能提升三年行动计划，截至 2021 年 7 月底，已完成培训 146.9 万人，其中，农民工培训占比约 40％，达到 50 万人次以上。[②] 重庆市人力资源和社会保障局出台《重庆市农民工工作"十四五"规划（2021—2025）》，将推动农民工更加充分更高质量就业、大力培养"智能 + 技能"型农民工工匠作为重要目标，在这一目标推动下，新生代农业转移人口的职业技能培训和高质量就业将迎来又一个高峰。

2. 多渠道开展维权活动，保障农业转移人口劳动权益

针对损害新生代农业转移人口权益事件多发的状况，重庆市多管齐下，采

①　重庆市实施"阳光工程"帮助农民工转移就业 [EB/OL] .http://www.gov.cn/jrzg/2010–02/20/content_1537242.htm.

②　重庆市人力资源和社会保障局关于市政协五届四次会议第 0401 号提案的复函 [EB/OL] .http://www.cq.gov.cn/zwgk/zfxxgkml/jytabl/szxwytabl/202112/t20211203_10072035.html.

取监督劳动合同签订、完善工资支付机制、建立健全工会组织三方面齐头并进、齐抓共管的方式，切实维护新生代农业转移人口群体的合法权益。新生代农业转移人口虽然权利意识有所觉醒，但是对于利益范畴，权益受到损失之后如何维权等问题一知半解，因此重庆市政府印制了 20 万份宣传手册，向新生代农业转移人口进行维权宣传，并专门开通维权热线，24 小时接受新生代农业转移人口的投诉，确保企业按照法律法规及时与新生代农业转移人口签订劳动合同。合同签订只是第一步，为保障新生代农业转移人口权益，重庆市政府还进一步完善工资保证金制度，完善工资支付机制，强化工资支付监控。维权不能只依靠外力，新生代农业转移人口自己的组织力量也不可忽视。因此重庆市加大建立健全工会组织的力度，鼓励新生代农业转移人口利用工会组织和企业进行合法博弈，保障自己的合理诉求。

3. 提高社会保障水平，提升农业转移人口生活质量

针对重庆市农业转移人口参保率低的状况，重庆市从提高工伤保险参保率入手，推出了"平安计划"工作方案，加强工伤保险宣传力度，普及自觉参保意识，按照农业转移人口务工行业的风险系数高低为序，先推动和巩固危险系数最高的煤矿行业的农业转移人口参保，再依次推而广之到建筑业以及其他非危险性行业，最终实现所有农业转移人口全面参加工伤保险。在医疗保险方面，重庆设立了专门的统筹基金，保费由农业转移人口和用工单位共同承担，用以支付特殊疾病的门诊费和住院费。重庆市专门为农业转移人口设立了养老保险，保费由农业转移人口和用人单位共同支付。

2009 年，重庆市成为统筹城乡教育的国家级试验区。为响应国家战略，推进教育公平，重庆在全国首个推出了"三统一"的教育政策，创新农业转移人口子女就业机制。首先，敞开公办中小学大门，"统一规划办学"，保障农业转移人口子女能够进入公立学校，和城市孩子一样接受九年义务教育，享受优质的教育资源。其次，在入学上，对农业转移人口子女和重庆市居民的子女一视同仁，"统一条件入学"，农业转移人口如果购置了商品房，按照重庆市户

籍居民的"三对口"原则入学。租房的农业转移人口，其子女可就近入学。考虑到农业转移人口流动性较大，子女因为父母工作变动需要转学，可中途申请办理异动手续。在收费方面统一标准，坚持农业转移人口子女和重庆户籍学生同一标准，禁止学校向农业转移人口子女收取额外的费用。对于家庭生活困难的农业转移人口子女，畅通资助渠道，确保零失学。"三统一"只是保证农业转移人口子女能够顺利进入学校的基础，在这之上，重庆市还采取了相应的措施提升学校办学条件，保证学校能够有足够硬件设施吸纳农业转移人口随迁子女，保证农业转移人口随迁子女能够融入校园，被同学接受、被老师爱护，做到德智体全面发展。2022 年，重庆市渝中区继续落实以居住证为主要依据的义务教育随迁子女入学政策，适龄儿童、少年父（母）或者其他法定监护人在渝中区居住半年以上和有合法稳定的就业、住所（以当年 8 月 31 日为半年时限），其随迁子女可在指定学校报名，额满为止。

4. 放宽落户条件，解决农业转移人口居住问题

2020 年起，重庆市深入推进户籍制度改革，不设年度落户名额控制、不作积分排队，在主城区就业及参加社保满 3 年或投资创业满 1 年即可直接办理落户，取消永川区、璧山区等地区的就业年限要求，将高级工程师及以上职称或具有相应技能等级的人才纳入落户范围。重庆市的落户条件在全国范围而言，相对宽松。在居住方面，重庆市的商品房价格在全国而言本就不贵，但是为了鼓励有条件的农业转移人口买房，出台了很多优惠政策，对于家庭特别困难的农业转移人口，提供大规模公共租赁住房。在主城区公租房选址时，为方便新生代农业转移人口出行，临近公交站点，公租房的小区品质向周边商品房看齐。在分配过程中，将房屋分配与户籍制度相剥离，将工作稳定、住房困难的新生代农业转移人口纳入重点保障群体分层次解决住房问题，实现住有所居。

二、西安市推进农村人口融入城市的政策与实践

西安市是陕西省省会，是西部地区经济最发达的省会城市，也是西部国际

化程度最高的大都市。西安市位于关中平原中部，作为联合国教科文组织评定的"世界历史名城"，西安市是中华文化的重要发祥地之一。陕西省地处西部内陆腹地，整个西部工业化程度不如东部和中部，农民数量较多，因此经济相对发达的西安市也有大量农业转移人口进城务工。为了改善农业转移人口在城市的生存状况，西安市推出了一系列政策与措施，最终取得了丰硕的成果。

1.保障新生代农业转移人口顺利就业

西安市取消了针对农业转移人口的各项不合理收费，所有的职业介绍机构均提供免费的信息咨询、职业介绍、岗前培训。为提高本地农民生活水准，西安市鼓励农民外出务工，并在城市成立服务站，为外出农民提供服务，鼓励中介机构向新生代农业转移人口免费提供职业介绍服务，对于能促成新生代农业转移人口成功就业的，给予中介机构 150 元／人的补贴，对缺乏职业技能的农业转移人口，提供免费职业培训。响应政府号召开展"春风行动"，春风化雨，温暖人心，致力于为新生代农业转移人口打造一个环境良好、秩序井然、信息通畅的就业市场。之后，西安市政府又进一步把职业培训补贴扩大到了所有农业转移人口的范畴，认定合格之后，培训机构可获得 300 元／人的补贴额度。2022 年，西安市人民政府办公厅印发《西安市"十四五"就业促进实施方案》，要求健全劳务输出对接协调机制，持续办好"就业援助月""春风行动"等活动，积极实施新生代农民工就业帮扶专项行动。提高农业转移人口享有子女义务教育、医疗、社保、住房等基本公共服务水平。以促进新生代农业转移人口多渠道就业，加速城市融入进程。

2.保障新生代农业转移人口劳动权益

西安市政府致力于建立完善的劳动力市场，保障新生代农业转移人口的劳动权益不被侵犯。认真落实农业转移人口支付保证金制度，确保每位农业转移人口每个月能够按时足额拿到薪水。根据新生代农业转移人口劳资纠纷多发的状况，推进仲裁机构实体化建设，妥善解决新生代农业转移人口劳动争议，确保当劳资纠纷发生时，新生代农业转移人口有部门可找，有部门好找，确实解决劳资纠纷，保护新生代农业转移人口的合理诉求、合法要求。同时加强基层执法力量，保证劳资纠纷仲裁结果能够落到实处。加强工会建设，增强新生代农业转移人口和资方谈判时的议价能力。碑林区作为西安市的中心城区，微型企业数量多、规模小，单一企业建立工会难度大，针对这一特点，碑林区推出了组建行业工会联合会的措施，几乎在所有行业建立起了工会组织。火车跑得快，全靠车头带。组织建立起来只是第一步，给新生代农业转移人口提供优质服务，还需要工会主席强有力的领导。经过笔试、面试的筛选，在全社会范围内录取了30名工会主席，走马上任之后，碑林区政府制定了专门的考核办法，每年进行业绩考核，强化服务效果和效率。在政府的规范管理和大力投入下，工会切实承担起了保障新生代农业转移人口劳动权益的职能，建立起了新生代农业转移人口工资增长协商机制，为遇到困难的新生代农业转移人口排忧解难，积极开展帮扶救助，调解处理劳动争议，为新生代农业转移人口追回欠薪，有力地维护了新生代农业转移人口的合法权益。2021年，西安市碑林区总工会推出六项举措：高度重视、全力落实，专题调研、厘清脉络，集中建会、动员入会，关爱职工、做好服务，宣教结合、提高站位，普法宣传、履行责任，以维护新业态就业的新生代农业人转移人口权益。

3. 不断完善社会保障政策

国家统计局在西安市经过调查发现，西安市的新生代农业转移人口对于转变身份成为市民的意愿强烈。尤其学历高、技能高、能力强、年纪轻的新生代农业转移人口，一半以上希望五年之内能够实现落户城镇的愿望。但是新生代农业转移人口融入城市的理想追求与现实中社会保障等公共服务的缺失碰撞，使得他们的愿望在现实面前阻碍重重。因此，为促进新生代农业转移人口融入城市，西安市不断完善社会保障政策，提高社会保障覆盖面。确保全市的新生代农业转移人口全部享受工伤保险，对拒不参加的企业严肃处理。在医疗保险方面，将新生代农业转移人口分为三种不同的类型，有正式合同的新生代农业转移人口，将其纳入城镇医保；工作流动性强但长期在城市居住的，可以参照城市居民，自行缴费；未签订劳动合同的新生代农业转移人口可以参加大病住院保险。确保每一类新生代农业转移人口都能得到实际的保障，实现病有所医。2020 年西安市基本实现医疗保险全覆盖，把所有新生代农业转移人口全部纳入社保覆盖范畴。2015 年，陕西省人民政府《关于进一步推进户籍制度改革意见》提出，理顺农业转移人口社会保险的衔接，做好已进入城镇社会保障系统的农业转移人口养老、医疗保险关系转移的相关工作。建立并完善新农合与城镇居民医保关系接续办法，允许农业转移人口自由选择新农合或城镇居民医疗保险，保证其按照统筹地区政策自愿选择参保，并在当地享受医保待遇。整合城乡居民基本养老保险、基本医疗保险制度，逐步实现社会保障"一卡通"。到 2020 年，建成以居家为基础、社区为依托、机构为支撑，功能完善、规模适度、覆盖城乡的社会养老服务体系。①当新生代农业转移人口离开就业地转移就业时，帮助他们实现社保的转移接续。参保满 15 年即可申请领取养老保险，不满 15 年的，可一次性支付个人账户内养老金。这一政策一直沿用至今，到 2023 年，新生代农业转移人口缴纳养老保险有定期缴费和不定期缴费两种方式可以选择。2015 年，为解决新生代农业转移人口随迁子女教育问题，免除新生代农业转移人口的后顾之忧，西安市推进义务教育标准化学校建设，对全市 181 所学校进行改造升级，保证更多的新生代农业转移人口随迁子女能够接受优质的义务教育。新生代农业转移人口随迁子女"三证"齐全即可就读，"三证"不齐全的可以先行就读，随后补齐。2021 年西安市按照"以流入地政府为主和以公办学校为主"的原则，实施以居住证为主要依据的入学政策，持居住、务工、户籍、流出等 4 类证明材料登记安排入学，确保基础教育不使一人掉队，进一步完善新生代农业转移人口随迁子女入学政策。

4. 改革新生代农业转移人口落户政策

2016 年 4 月，西安市进一步放开新生代农业转移人口落户政策，对于购置

---

① 陕西省人民政府关于进一步推进户籍制度改革的意见 [EB/OL] .http://www.shaanxi.gov.cn/zfxxgk/zfgb/2015/d10q_4051/201506/t20150603_1640605_wap.html.

商品房的新生代农业转移人口家庭，准予其在西安市落户；尚无力购置住房的，改善农业转移人口临时居住条件，将新生代农业转移人口纳入住房保障范围。配合户籍制度改革，逐步放开新生代农业转移人口随迁子女异地中高考限制。之后西安市的落户门槛不断降低，2017年3月，西安市降低长期在市区就业并具有合法固定住所人员的社保缴费年限。2018年4月10日，西安户籍新政规定，个体工商户1年内缴纳税款累计在2万元以上，其本人及配偶和未成年子女，可申请落户。到2023年，凡在西安市居住生活，在公安机关办理居住登记2年以上，并参加本市城镇职工基本养老保险实际缴费满1年以上的人员，可迁入西安市落户，其配偶和子女可以随迁。有意愿落户的新生代农业转移人口基本都能够落户。

由以上可见，西安市在推行新生代农业转移人口融入城市的过程中进行了很多有益的探索和尝试，但是依旧面临很多问题和障碍，例如政府财力的制约。据测算，西安市新生代农业转移人口的成本，在8万~10万。西安市虽然是西部地区最发达的省会城市，但是也是吸纳新生代农业转移人口的大市，财政无力一次性承担如此巨额的支出。因此在促进新生代农业转移人口融入城市的过程中，如何通过制度设计，一方面逐渐提高新生代农业转移人口融入城市的能力，另一方面根据经济社会发展程度增加财政支出，提高新生代农业转移人口融入城市水平，这是摆在西安市政府面前的一大课题。

第四节　典型城市推进新生代农业转移人口城市融入的经验

各城市对新生代农业转移人口融入城市的探索，对于解决城市内部"新二元结构"的矛盾，改革户籍制度及其配套的相关制度，创新人口服务管理体制机制，这些对推动新型城镇化健康发展有重要意义。

一、加强顶层设计以破解"新二元结构"问题

城市"新二元结构"问题与一般意义上的二元结构既有很多相似之处，又有转型期的中国鲜明的时代特色和国情特点，是中国由农业社会向工业社会转

型的分阶段式农业转移人口融入城市过程中产生的。其实质是社会转型过程中阶层分化、利益分化的表现形式。破解"新二元结构"问题，需要从国家以及城市层面形成合力，打破"农业转移人口再生产体制"的壁垒，协调不同利益群体的矛盾和冲突，使新生代农业转移人口享有通过努力改变命运、共享发展成果的机会。

二元制度之所以产生，是因为政府对公共服务的供给能力不足，因此缓解城市"新二元结构"问题，也需要从公共服务着手，渐进融合。我国代表享受公共服务的户籍制度一步到位的放开不现实，因此为缓解"新二元结构"的问题，上海推行了居住证管理制度，以居住证制度为核心构建在沪外来人员融入城市的通道。一方面可以逐步提升城市政府的公共服务供给能力，缓解政府压力，提高公共服务供给效率；另一方面可以逐步缩小流动人口与上海市民的待遇差距，促进新生代农业转移人口社会融合。这种方式值得全国各地参考。然而"新二元结构"是全国性的政策供给和制度安排问题，全面破除"新二元结构"的命题超出了任何一个地方政府的职责范围和管辖权限，迫切需要国家强势介入，加强破解"新二元结构"的顶层设计，从国家层面对基础制度和体制保障进行构建和调整，全面系统地展开相关体制机制改革。

加快区域协调发展，为破解"新二元结构"创造条件，形成合理的城镇体系，使城镇化与区域发展格局相匹配。我国东、中、西部地区经济发展水平差距较大，东部城市在长江三角洲经济区、珠江三角洲珠经济区和环渤海经济区三个较为成熟的城市圈引领下，经济发展速度较快。而中西部城市经济发展动力明显不足，导致了人口远距离、大规模、跨区域的流动，增加了社会发展和经济运行的成本。因此，亟须推进国内产业转移，促进中西部地区产业发展，带动中西部经济增长极的形成，提升城镇化发展质量，通过区域协调发展增强城市容纳能力。明确中央与地方政府在基本公共服务中的事权责任，不断完善转移支付体制。进一步加强对户籍管理制度改革的统一部署，加快改变公共服务"东高西低"以及"城高乡低"的状况。完善公共服务和社会管理，为外来人口融入创造条件。城市是接纳新生代农业转移人口的主体，城市政府需要在中央政府的政策指导下，根据自身的城市特点因地制宜，探索具体的实施措施和执行办法，创造兼容并蓄的良好城市氛围和制度环境，逐步完善城市基本公共服务体系，努力在待遇水平公平上取得新的进展，优化外来人口管理体制机制，促进新生代农业转移人口融入城市。注重解决的步骤与节奏，真正确保城市可持续发展。城市"新二元结构"的形成和演变是一个长期的和复杂的过程，在解决的时候一定要注重步骤和节奏问题。不能使就业岗位和融入城市程度脱节。农业转移人口融入城市需要有就业支撑，而我国相当时间范围内适宜农业转移人口就业的岗位与机会也在不同区域间进行梯度规模转移，例如上海产业结构和就业结构相对高端，中低端岗位空间相对有限。如果一味地强调农业转移人口完全融入所在城市，很有可能造成"产业转移走的同时，融入城市的农业转移人口变成城市贫民"的局面。因此，在破除城市"新二元结构"的同时，一定要注重节奏。一方面防止节奏过快，导致融入城市与就业脱节形成城市新贫民群体；另一方面要防止节奏过慢，使得部分城市政府借口拖延，不为新生代农业转移人口提供必要的基本公共服务。

二、加快户籍制度改革以促进流动人口身份转换

全国各地进行了很多户籍制度改革的有益探索，主要有两种思路：其一是用土地换社保，农业转移人口获得城市户口和福利的代价是放弃农村的承包地和宅基地；其二是通过促进公共服务均等化，弱化城市户籍背后隐含的福利属性，最终促使城市户籍与福利制度脱钩，消除户籍制度所代表的待遇差距和身份歧视，这才是户籍制度改革的方向所在。

新型城镇化的核心是以人为本，目标是实现新生代农业转移人口融入城市，融入城市的实质是让新生代农业转移人口获得城市户籍所代表的城市的公共服务，获得市民权利，因此不能与土地挂钩。具有转户资格的新生代农业转移人口已经在城市获得了稳定的工作和固定的生活来源，在城市工作和居住多年，已经成为城市的常住人口，对城市的发展、国家经济的增长均做出了巨大的贡献，城市理应回报给他们与城市居民同等的公共服务。融入城市的目标是实现新生

代农业转移人口的身份转换，旨在扭转城乡二元制度下新生代农业转移人口权利与义务不对等的状况，通过改革转变体制的不公，把赶超战略下历史欠账还给农业转移人口群体，使新生代农业转移人口能够分享制度红利，并不需要农业转移人口再用土地来换取。农业转移人口落户城市之后，落户是他们在城市生活的开始，并非终结，落户后他们仍然存在就业、生活和发展的问题，需要大量资金作为在城市生存和发展的保障。允许新生代农业转移人口保留农村承包土地，尊重他们的土地处置权，一方面是对其财产权的维护，另一方面，如果新生代农业转移人口在融入城市的过程中遇到融入困难或失业困境时也不至于丧失最后的生活保障防线，从而影响社会稳定。新生代农业转移人口是理性的，他们拥有农村承包土地、宅基地的用益物权，会根据自身在城市就业、生活和居住情况，本着利益最大化的原则行使对土地、房屋的处置权。如果按照政府"土地换社保"的思路，限定他们在一定期限内按照政府的补偿标准退出，难以制定出适合各种不同情况的统一标准，会损害新生代农业转移人口的权益。因此，我国下一步户籍改革的方向既要坚持让符合条件的新生代农业转移人口落户城市，获得与城市居民同等的福利待遇，又要保障新生代农业转移人口的土地权益，对其农村承包土地、宅基地和房屋，经过政府相关政策的引导，在新生代农业转移人口自愿选择的基础上，可以保留、出租或转让。

在新生代农业转移人口融入城市的过程中，政府的主要职责是拆除城乡二元分割的制度藩篱，缩小公共服务差距，创造更多的就业机会，同时尊重新生代农业转移人口在城镇化发展中的主体地位，由其自主选择是否在城镇落户。

三、加强制度建设以完善流动人口服务管理

目前我国流动人口的增长势头已经放缓，流动人口的总体规模渐趋稳定。特别是随着中西部崛起，一线城市跨省流动农业转移人口的比重和数量都出现了下降，为让流动人口逐步稳定下来，需尽快完善相关服务管理政策。

第一，完善积分入户政策，逐步稳定流动人口。按照把加强特大城市周边中小城市和小城镇发展作为重点、着力解决新生代农业转移人口和举家迁

移农业转移人口问题的要求，加强条件指导和放宽数量限制，完善积分入户政策。加强积分条件的就业导向性，有针对性地放宽农业转移人口入户条件。根据产业结构调整的需要，强化技能和参保等就业导向指标，加强积分指标向稳定就业和居住的技能型劳动力倾斜。一是提高职业资格和专业职称指标分值，引导农业转移人口通过参加技能培训和职业教育获得相应证书；二是提高参保指标分值，鼓励稳定就业的农业转移人口特别是新生代农业转移人口连续参保；三是提高举家迁移的积分，夫妇双方均在同一城市稳定就业的，可以双重记分；四是提高社会贡献积分，引导农业转移人口参加志愿者服务、义务献血等多种形式的社会公益活动。将积分入户对象主要限定于农业转移人口，其他流动人口继续适用人才入户、投资入户等政策，多渠道解决让流动人口稳定下来的问题。

加强积分条件的空间导向性，引导新生代农业转移人口合理布局。按照主体功能区战略，对不同层级的城市进行分类赋值，引导农业转移人口合理分布。一是加强大城市中心城区人口管理，一线城市可以根据实际情况，通过附加积分入户条件指标、控制积分入户数量指标和延长积分入户年限等综合手段，合理调节人口增长；二是放宽城市群周边其他城镇的入户条件，地级以上城市的非中心城区，包括郊区、县城和小城镇，应按照城市群的规划分工，适度放宽入户条件（同等积分可乘以不同的倍增系数，如郊区乘以 1.5，县城和特大镇乘以 2，一般镇乘以 3），合理增加入户数量（增加重点开发城镇的入户指标数量），通过基础设施一体化建设和网络化发展，吸引流动人口定居，缓解中心城区压力，形成城市群内各级城镇协调发展的局面。

逐步弱化积分入户的数量限制，最终过渡到单一的条件限制。目前积分入户的数量指标过少，不能满足农业转移人口的需要。在政策实施初期，可以设定数量控制，避免入户人口过快增长带来的公共服务压力，但应逐年加大数量指标供应，最终过渡到按居住证领取年限 7 年入户的单一条件限制（不同城市可设置不同的年限，在 7 年入户的省定标准下，小城镇可适当放宽居住年限，大城市可适当延长居住年限），不再实行与退出承包土地挂钩的入户条件。

第二，完善居住证制度，加强流动人口服务管理。对于暂时无法达到入户条件的新生代农业转移人口，要根据各地的具体实际，逐渐把他们纳入城市公共服务体系中，最终实现同等待遇。对流动人口目前尚不能同等享受的公共服务项目进行分类，按照难易程度制定时间表，逐步解决流动人口享受公共服务的问题，使流动人口稳定下来。依托居住证，不断提升流动人口的公共服务水平。强化居住证的管理服务功能。原则上，领取居住证 7 年 (以参保作为限制条件) 后，无论入户与否，即可享受同等服务。完善配套政策，强化居住证的服务功能。积分入户不是要强化户籍的服务功能 (即只有入户才能享受)，而是在流动人口公共服务需求一时难以全部满足条件下扩大受益人群的过渡产物。对于流动人口需求大、现有政策体系一时难以满足的公共服务项目，如义务教育、保障性住房等，要加强对民办学校和出租屋的标准化管理，以政府购买服务等多种形式，满足流动人口的需求。以居住证为识别标志，建立实有人口动态管理体系和公共服务转移支付机制。以居住证为标识，识别流动人口的常住地，加强居住证的人口管理功能，整合流动人口的就业、居住和参保等信息，逐步建立实有人口动态管理体系。根据居住证登记采集的实有人口数量，按居住证领取年限应享受的服务内容，建立公共服务的转移支付机制，将服务与管理挂钩。

第三，加强基层服务管理平台建设，构建五级社会服务管理体系，将重点放在基层社会管理创新。按照人口规模规划和建立社区综合服务管理平台，实现流动人口"一站式"服务和"网格化"管理无缝对接，提高服务管理平台质量，充分体现寓管理于服务，扎实提高社会管理科学化水平。继续加强人力、物力、财力支持，有效配置资源，完善社区综合服务管理平台的"一站式"服务，依托社区公共服务，建立健全以社区为基本单元的国家人口基础信息库和实有人口动态管理机制。建立社区采集信息和部门分类处理的纵向联动工作机制，及时解决流动人口服务管理问题。加强共建工作，建立社区、企业、物业横向联动的人口服务管理机制，促进和谐社区、和谐企业建设。加强社区人才队伍建设，逐步实现社区服务工作的专业化。规范社区志愿服务，促进社会组织健康发展。

第四，创新流动人口社会参与机制。以加强社区自治为重点完善流动人口社会参与机制，依法保障流动人口行使民主权利。将流动人口的利益诉求纳入民主和法制渠道。完善基层党员干部为主、各级党政组织广泛参与的直接接待、分片包干、上门走访、服务承诺和结对帮扶等制度，通过"面对面"的服务，加强"心连心"的沟通。切实抓好基层流动人口党（团）工作建设，充分发挥流动人口党（团）员的先锋模范作用。逐步增加流动人口代表在各级党代会、人代会和政协的比例，扩大流动人口社会管理参与程度。

四、以公共服务均等化促进流动人口融入城市

目前我国农业转移人口融入城市已经有了较好的基础，但是还需要进一步明确政策方向。促进新生代农业转移人口融入城市，要落实的不仅仅是一纸户籍。放宽农业转移人口进城落户条件的意义，不仅在于解决户籍问题和身份归属，更重要的是户籍制度背后隐含的，实现公共服务均等化，要确保新生代农业转移人口在城市和城市居民享受同样的福利待遇、同等的权利。

由于我国特殊的国情，农业转移人口融入城市采取的是长期式渐进式的改革，不可能一蹴而就。即使某些城市完全放开入户限制，新生代农业转移人口只要进行登记就可以取得城市户籍。但是也只限于在一纸户籍上实现了平等放开的原则，户籍背后所代表的，真正需要"一元化"的城乡公共服务却无法实现均等化。放开户籍流于形式。要实现真正的公平、平等的"一元化"制度，需要通过完善公共服务政策，对于已经具备条件的公共服务项目应率先实现同等对待。建立省际新农合定点医疗机构互认制度，建立城乡一体化的统一的社会保险制度。在新生代农业转移人口子女的教育和发展权益方面，进一步落实"两为主"政策，解决新生代农业转移人口随迁子女接受教育的后顾之忧，减少农村留守儿童的数量，保障新生代农业转移人口能够享受城市的经济适用房、廉租房等住房福利，实现"住有所居"。

在农业转移人口公共服务支出上，明确划分中央政府和地方政府的权力和

责任边界，确保事权和财权对称。从中央财政而言，要稳步推进基本公共服务均等化进程，做好阶段预算，在确定转移支付额度时，要充分考虑地方政府的财力以及当地农业转移人口的数量。把财力性转移支付与地方政府吸纳外来人口数量及提供公共服务的水平相挂钩，提高地方政府为外来人口提供城市基本公共服务的积极性。从地方财政而言，要遵循以人为本的新型城镇化原则，不断增加基本公共服务投入，根据本地的实际情况，不断增加政府的财政支出，逐步建立起城乡之间、区域之间统一的基本公共服务体系。

扩大农业转移人口的政治参与权利，拓宽政治参与渠道。一方面，加强新生代农业转移人口的组织化程度。以企业为载体，加强工会建设，提高新生代农业转移人口的入会率，普及工会直选的方式，使新生代农业转移人口能够通过工会合理地表达自身的利益诉求，使工会能够真正为新生代农业转移人口代言，维护农业转移人口平等参加职工代表大会和参与企业民主管理的权利。另一方面，加强新生代农业转移人口社区管理参与。社区是新生代农业转移人口融入城市的重要载体。创新社区管理方式，积极吸纳新生代农业转移人口参与社区管理以及城市基层公共事务管理，将符合条件并且积极参与社区选举活动的新生代农业转移人口登记在案，组织他们依法进行选举，行使选举权和被选举权。

第六章　新型城镇化进程中促进新生代农业转移人口融入城市的对策建议

第一节　改革土地制度，维护新生代农业转移人口农地权益

《"十四五"新型城镇化实施方案》提出："依法保障进城落户农民的农村土地承包权、宅基地使用权、集体收益分配权，健全农户'三权'市场化退出机制和配套政策。"[①] 新生代农业转移人口在城市难以获得稳定的职业和生活来源，即便能够获得，低工资水平也只能维持最低生活水准。在这种情况下，土地制度本质上是对新生代农业转移人口的一种经济补偿和生存保障。新型城镇化是以人为本的城镇化，要正视新生代农业转移人口的土地权益和基本生存权。因此，需要创新和变革土地制度，创新的目标不仅要保障新生代农业转移人口的土地权不受侵害，而且要确保这一群体能够从土地流转中获得稳定的收益。

一、规范土地承包经营权流转制度

1.确保土地产权主体明晰

2012年中央一号文件指出确保土地产权主体明晰的要求，明令各地村集体要完成土地所有权的确权登记。随着各地政府的严格实施，当年我国就开始了对于土地所有权的登记颁证。之后两年的一号文件进一步明确了确权登记工作的重要性，要求各地政府继续紧抓落实。确保土地产权主体明晰是确认土地所

---

① "十四五"新型城镇化实施方案 [J]. 广西城镇建设，2022(7):11-41.

有权、使用权及其他权利拥有者的具体措施，是土地流转的前提，是实现土地有序流转的基础。通过确定产权主体明确利益分配和确保流转过程顺利实施。2018年，全国各地完成了土地确权登记颁证，确立农民土地产权主体地位，避免土地流转市场混乱和纠纷的产生。

2.完善土地流转法律法规

我国目前已经有针对土地承包和土地流转的法律法规，如《农村土地承包法》和《农村土地承包经营权流转管理办法》，其中对土地流转的相关政策做了规定。但是广大农村地区是我国法制建设的薄弱地带。因此，还需要大力加强法律法规建设，完善农业农村法律体系，以法律保障土地流转的顺利实施。

第一，确保土地流转所有环节有法可依。健全完善的法律法规是基础和保障，土地流转实施的路径和相关措施必须在符合维护农民权益的前提下开展，同时要在《农村土地承包法》和《农村土地承包经营权流转管理办法》的框架下实施。我国农村现代化程度较低，乡土社会缺乏现代契约精神，不重视合同的签订以及条款规定，因此要强化农民的契约精神，规范土地流转合同的签订和实施。

第二，要明确土地流转的相关措施。我国目前关于土地流转的相关措施不够明晰，导致现阶段土地流转市场混乱，土地私下流转现象猖獗，尤其是城市边缘的城乡接合部，这种情况催生了我国的小产权房。针对这种情况，政府可以考虑对土地流转的条件、方式和范围加以规定和限制，对收益分配进行规定，瓦解农村隐形土地市场。

第三，尊重农民的权利，建立合理的决策机制。要保证农民在整个农地流转过程中拥有完整的知情权、参与权、发言权和参与决策的权利。不能在保障农民利益的旗号下，把农民群体排除在整个决策机制之外，以保障的名义，无视、漠视农民群体利益。

第四，尊重市场规律，制定合理的价格机制。目前部分地区已经实现了土地承包权和经营权的分离，一部分农地进入市场流转，给农民带来了收入，但是农地价格普遍较低，为农民收入增长的贡献极其有限，无法有效实现改善农民收入状况和提高农民生活水平的目的，因此各级政府有义务建立合理的价格机制，确保农民土地得到合理的价格评估，使土地流转获得的收益达到提高农民收入的目的。

3.培育农户遵守市场规则推进土地流转的意识

土地流转进一步分离了土地的所有权、承包权和经营权，是符合时代发展趋势的创新。从根本上看，符合农民的利益，不仅保留了家里的一亩三分地，也增加了自身的收入。因此农民应该积极主动地参与到土地流转的大趋势中来，努力推动土地流转更深刻的改革，提升自身的参与度和决定权。由于我国农村社会保障制度的缺失，因此土地对于农民来说意义重大，是他们无法在城市站稳脚跟的情况下，能够安身立命的唯一依靠和保障。虽然随着社会的进步，城市的新观念和思维方式传播到农村，一些紧跟时代潮流的农民不再固守传统的土地观念，积极主动参与土地流转，增加家庭收益，但是依然有部分农民不愿接受新理念，拒绝将土地经营权放在土地市场上进行流转。因此，政府要充分认识到部分农民观念上的误区，积极采取措施进行应对，组织村干部对农民定期进行思想教育，针对农民开设土地承包经营权流转的讲座，加大宣传力度，使农民了解国家出台土地承包经营权流转政策的目的，让他们知道，这是国家出台的一项长期执行的方针，不会朝令夕改，提高农民的认识，打消农民的顾虑，解放农民的思想，破除部分人死守土地的陈旧观念，摆脱小农意识的束缚，加强流转意识。此外，化解农民对于土地的依赖心理。农民之所以固守土地，是因为在社会保障缺失的情况下，土地是其生活的唯一保障，因此要提高农民进行土地流转的积极性，就必须建设社会保障全覆盖，使农村居民的基本生活能够得到有效保障，没有后顾之忧，土地对于农民的重要性自然降低，农民流转土地的难度也随之降低。农民在转变土地意识的同时也要加强法律意识，注重自身契约精神的提高，严格按照法律法规和合同规定进行土地流转。在自身权益受到侵害时，要学会运用法律法规保护自身权益；在遇到纠纷时，学会通过法律途径合法解决纠纷。

二、建立规范的土地流转交易市场

1.建立完善的流转交易市场机制

土地承包经营权流转的方向是市场化流转，因此完善的市场化机制是保证有序流转的重要条件。现阶段我国土地市场不完善，公益性用地和经营性农地混为一谈。需要明确对二者进行区分，对于经营性农地，只有流转权。在此基础上建立统一有序的土地流转市场。例如甘肃陇西县的土地流转市场，在公开市场上向不同市场主体发展多种形式的规模经营。

2.培养规范的中介机构

2004年国务院明确提出土地流转的政策，距今已有将近30年的时间，虽然全国已经有很多地区实现了土地流转，但是完善的市场尚未形成，土地流转信息流通不畅，土地出租方和承租方缺少一个完善的、统一的土地供求信息平台，需求和供给难以达成平衡。目前存在的流转中介机构明显存在规模小、数量少、实力弱、分布散的特点，信息辐射面狭小，不能有效满足供需双方的需求，宽领域、网络状、广覆盖、多功能、充分竞争的中介服务市场尚未形成。因此，要充分发挥市场引领的作用，逐步形成完善的市场中介服务体系，为供需双方提供完备的土地交易信息，促成成交意向，为土地流转的顺利进行提供优质准确的土地流转信息、符合市场规律的土地价格评估信息，在发生矛盾纠纷时进行公正、公平、合法、合理的土地纠纷仲裁，使国家的土地流转政策能真正落到实处。

3.完善价格评估体系

完善的价格评估体系是农村土地流转的关键所在。合理的价格和完善的价格评估体系能够制定合理范围的市场价格，平衡土地流转各方的利益分配，提高农民进行农地流转的积极性，因此，应该促进完善价格评估体系的形成，以有效促进土地流转市场的健康运行。土地的价格为一亩土地一年的租金。由于农村土地存在肥力和位置的差异，地租差异较大，因此国家应建立信息库，根据各种条件对土地进行等级评定，同时引入独立第三方对评定结果进行评估。

制定土地流转指标体系，保证土地流转有据可循。

4. 积极探索有益的流转模式

中国的国情，不同地区差别较大，农村俗语"十里不同天，百里不同俗"。因此在符合国家大政方针的基础上，中央支持不同的地区结合本地实际情况探索土地经营权流转的新方式，2014 年 12 月，农村土地流转正式进入试点阶段，2015 年 2 月，国家在全国选定了 15 个县进行试点，旨在为全国提供实践经验和改革范本。到目前为止，全国很多地方都对土地流转进行了有益的探索。江苏省常州市武进区对农村集体经营性建设用地入市进行了有益探索，一是制定农村集体经营性建设用地入市管理办法、使用权网上交易规则、入市净收益管理办法、开发项目审批管理办法等制度细则，明确了入市主体、入市范围、入市途径、入市增值收益分配；二是推动村级规划编制、管控、实施"一张图"，建立集体经营性建设用地交易平台，与城市国有建设用地使用权网上交易系统同网运行、同网竞价、同网交易；三是建立转让和抵押机制，推动集体经营性建设用地进入二级市场。通过上述做法，截至 2021 年 11 月，武进区完成集体经营性建设用地入市 8.7 万亩、金额超过 50 亿元，土地增值收益 36 亿元。① 辽宁省海城市成功设立农村产权综合交易市场，陕西省西安市高陵区建立农村产权网络交易平台等，这些都是对盘活农地权益的有益探索。因此在土地流转的实践探索中，建议政府鼓励各地因地制宜，结合试点县市区的经验、目前普遍存在的土地流转模式以及自身实际，根据农民意愿和区域特点，进行进一步的实践创新，不拘泥于单一流转形式，结合多种方式进行改革，积极投身于农地经营权流转的大潮中。

三、探索农村宅基地资本化模式

《深化农村改革综合性实施方案》的颁布，提出了今后我国农村宅基地制

---

① 国家发展和改革委员会，何立群，胡祖才.国家新型城镇化报告.2020–2021[M].北京：人民出版社，2021：178.

度改革原则和方向，对赋予农民完整产权具有重大意义。2020年中央全面深化改革委员会第十四次会议审议通过了《深化农村宅基地制度改革试点方案》，强调要积极探索落实宅基地集体所有权、保障宅基地农户资格权和农民房屋财产权、适度放活宅基地和农民房屋使用权的具体路径和办法，坚决守住土地公有制性质不改变、耕地红线不突破、农民利益不受损这三条底线，实现好、维护好、发展好农民权益。

1.确认宅基地的权属和分配原则

确认权属和分配原则是宅基地资本化的重要前提。只有明确宅基地的权利归属才能防止转让过程中出现纠纷，确保转让有据可循。宅基地使用权无论采用登记生效主义或等级对抗主义，都应该明确登记宅基地面积和范围，做到有案可查，防止纠纷过程中无据可循，减少多占、乱占宅基地现象。对于已经多占的部分，可以采取多占的部分通过流转获得的收益全部收归集体所有的方式解决，如果多占宅基地的农户有分户的情况，则从新分户的宅基地总面积中减去多占的宅基地面积，减少新户分得面积。宅基地使用权转让使得宅基地面积大小直接与收益正相关，因此在划分新宅基地时要科学规划，不能继续沿用"增人不增地，减人不减地"的旧标准进行分配。"增人不增地，减人不减地"的旧分配标准在子女分家时会另外分配宅基地，实际上增地没有什么困难，但是由于农户在分得的宅基地上都建设有房屋，而减地相应地需要减少房屋面积，这显然不太现实。因此"一宅一户"是最好的分配标准。

2.创新宅基地转让模式

目前宅基地使用权转让在全国已经有试点，一般情况下采取的模式为"变权＋流转"或"保权＋流转"。此外还有现阶段只存在于理论范畴的"宅基地指标化"模式。

"变权＋流转"模式：变权即由国家征收需要转让宅基地，将宅基地的所有权同时收归国有，然后遵循国有土地出让规则流转宅基地。这种"变权＋流转"模式实质上转让的是宅基地所有权而非使用权。这种宅基地流转模式有很大的弊端：首先，宅基地资本化的目的是为了盘活新生代农业转移人口进城务工后农村闲置的房产，使新生代农业转移人口能够从中获益。但是该流转模式下宅基地经国家收购后再进入市场，压缩了新生代农业转移人口的利润空间，同时剥夺了新生代农业转移人口的土地，加剧了新生代农业转移人口弱势群体的困境。其次，采取国家征收模式的宅基地一般都是类似"空心村"这种拥有大规模空置宅基地的情况，该流转模式会导致集体土地大量减少。该模式更多的是为了满足城市建设用地。

"保权＋流转"模式：顾名思义，即保留宅基地所有权，只流转使用权。这流转种模式以完善用益物权权能为出发点，只转让使用权，符合宅基地改革增加新生代农业转移人口财产性收入的目的，实现了物尽其用。

"宅基地指标化"模式：对农民现有的宅基地进行丈量，并按照人均面积发证，[①] 然后农民用分配的指标申请宅基地使用权。有购买宅基地使用权意向者也需要先购买指标，然后才有资格将农用地转为建设用地。该模式在定位指标购买者时将个人和企业排除在外，仅限政府购买。该模式迄今为止只存在于理论层面。其实际操作程序太烦琐，而且其本质也是转变土地的性质，将农用地转为建设用地，会造成集体土地流失。

综合三种模式，"保权＋流转"的模式最适合目前中国新型城镇化的目的和现状。同时在具体操作时还需要注意：第一，宅基地资本化的利益分配。宅基地的所有权和使用权分属集体和农户，因此宅基地流转的收益也应该由两方共享。可由省、自治区、直辖市根据本地区的经济发展情况和风俗习惯自行制定分配规则。第二，设置流转期限。宅基地使用权的流转需要设定期限，如果到期之后受让人需要继续使用，可以提出申请，与集体经济组织协商解决续约事宜并按协商结果缴纳使用费。第三，受让人获得宅基地使用权后必须严格按照宅基地管理规定使用宅基地，不能建造工厂和商业区，要保证流转期限终止后宅基地仍然能够满足居住需要。第四，杜绝利用宅基地使用权流转牟利。农

---

① 李勇坚.我国农村宅基地使用权制度创新研究 [J].经济研究参考，2014(43)：3-19.

户转让宅基地的行为一经发生，即被默认为其不需要宅基地来满足居住需求，况且村民通过流转宅基地使用权获得的收益也是生活来源。因此宅基地流转后，农户不得重新申请使用权。

第二节　改善就业环境，促进新生代农业转移人口在城市稳定就业

稳定的就业和固定的收入来源是新生代农业转移人口在城市安身立命、安居乐业的前提条件，是新生代农业转移人口融入城市，得以被城市社会接纳的基础，是新型城镇化能够良性循环的关键环节。促进新生代农业转移人口在城市稳定就业需要完善就业制度，促进新生代农业转移人口平等就业；加强职业技能培训，多方位开拓就业渠道；给予资金、政策扶持，鼓励新生代农业转移人口自主创业；构建和谐劳动关系，维护新生代农业转移人口利益诉求。

一、完善就业制度，促进新生代农业转移人口平等就业

建立完善的就业制度，需要以城乡一体化的劳动力市场为依托，简化新生代农业转移人口就业程序，取消歧视性的办证手续和收费规定，使城乡劳动者享受均等的就业政策，促进新生代农业转移人口平等就业。同时针对新生代农业转移人口的特殊属性，建立专门的劳务市场，培育专门的中介机构，提供更多就业机会，做到"以人为本"，平等对待城乡劳动者。

1.完善就业环境

建立完善的就业制度需要有完善的就业环境。

第一，建立完善的就业服务体系。2021年8月，国务院印发《"十四五"就业促进规划》，强调要着力打造覆盖全民、贯穿全程、辐射全域、便捷高效的全方位公共就业服务体系。政府部门要建立灵活的就业机制，促进新生代农业转移人口自主就业。鼓励各方社会力量提供有效的择业指导和就业服务，提高新生代农业转移人口在就业市场中的核心竞争力。完善就业服务体系建设，

促进统一的城乡劳动力就业市场的建立。随着我国经济发展和城镇化进程的不断加速，城乡就业服务工作的业务范围和数量持续增加，需要进一步拓展就业服务平台，扩大就业服务人才队伍，统筹城乡就业管理服务，拓宽就业服务网络覆盖范围。着眼街道、乡镇和农村开展服务，确保服务场所固定、工作经费及时到位，帮助新生代农业转移人口流动就业。配备充足的基层就业服务人员，明确其工作职责，给予足够的经费补贴。政府要给予公共职业介绍机构足够的财政补贴，确保其经费充足，能够免费提供给新生代农业转移人口需要的就业信息和政策咨询，提高新生代农业转移人口求职的成功率，使其能够获得稳定的生活来源。

第二，建立城乡统筹的就业制度。政府部门应当树立城乡统筹的就业工作观念，将统筹新生代农业转移人口就业纳入城乡一体化发展的总体规划，逐步建立城乡一体化的就业制度，促进新生代农业转移人口和城市求职者在统一的起跑线上竞争。劳动部门要摸清我国新生代农业转移人口的基本情况，例如新生代农业转移人口数量、结构、受教育程度、年龄分布等，并针对汇总情况开展职业技能培训、就业指导和职业介绍等服务。以劳动服务平台为依托及时发布求职、考试、招录等信息。已有实证研究表明，公共就业服务对农民工就业质量具有显著正向影响，且职业介绍、职业指导、职业培训等不同类型的公共就业服务均提高了农民工就业质量，其中公共就业服务对农民工就业质量的正向影响在老一代、低收入、女性和低就业质量农民工群体中更为明显。[1] 改革户籍制度，取消城市劳动力市场针对新生代农业转移人口的歧视性就业政策和规定，制定促进农村转移劳动力合理流动的政策，完善劳动力自由流动的渠道，逐步建立多元化、保障形式多层次和管理服务社会化的新生代农业转移人口社会保障体系。[2] 加强劳务输出，调动城乡劳动保障部门和社会力量的积极性，按照政府建立和市场推动的思路，构建劳务协作工作网络，通过劳务输出维护

---

[1]　李礼连,程名望,张玙.公共就业服务提高了农民工就业质量吗？[J].中国农村观察,2022(4):134-152.

[2]　夏静雷，张娟.新生代农民工劳动就业权益保障问题探析[J].求实，2014(7)：60-66.

新生代农业转移人口利益。新生代农业转移人口自我约束能力较弱,流动性较大,缺乏组织保护,因此应当完善社会救助制度,将新生代农业转移人口纳入社会救助体系,在其失业时通过公共劳动提供临时工作岗位。

2. 完善劳动力市场的软硬件建设

首先,建立城乡统一的劳动力市场网络。我国劳动力市场发育不完善,新生代农业转移人口很难在信息不对称的情况下,通过市场交换找到满意的工作。获取可观的经济报酬和获得较高的社会地位更是无从谈起。因此维护新生代农业转移人口合法权益,需要从打破劳动力市场的城乡壁垒做起,取消人为割裂劳动力市场的行为,建立城乡统一的劳动力市场网络;取消就业市场中针对新生代农业转移人口的不合理限制,统一城乡管理制度,实现新生代农业转移人口双向选择。培育中介组织发展,增强市场透明度,发布免费就业信息,降低劳动力市场交易的成本。建立城乡就业迁徙制度,实现新生代农业转移人口合理有序转移,促进新型城镇化和新生代农业转移人口融入城市的实现。建立统一的人口管理机制,保障新生代农业转移人口自由迁徙的权利,使新生代农业转移人口融入城市,实现从农民到市民的转变。要打破制度障碍,保障新生代农业转移人口的基本权益,营造平等就业的制度环境。在公平的劳动力市场中,劳动者有自由流动和自主择业的权利,因此,实现公平就业需要打破劳动力市场的城乡壁垒和地方保护主义,赋予所有劳动者平等的权利,以劳动者的能力和技术熟练程度作为评定劳动者的唯一标准,用职业资格证书评判劳动者的任职资格。

其次,完善就业信息网络。运用网络管理技术,完善新生代农业转移人口就业信息网络,实现网上迁移,促进新生代农业转移人口流动管理规范化,同时与劳动部门联网能够及时了解其职业变化情况,便于统一管理。新生代农业转移人口输入地应定期展开企业用工需求状况调查并及时在劳动市场公布调查结果,为新生代农业转移人口流动和就业提供信息指导。新生代农业转移人口输入地政府可以通过认定评级推出一批质优高效的职业中介机构,并对其进行定期或不定期检查，确保其切实起到促进新生代农业转移人口就业的作用。整顿人力资源市场，取缔非法黑中介，打击非法发布假信息行为，建立健全劳动力市场供求信息管理与服务机制，确保完善的市场机制充分发挥调节功能，有效引导和配置新生代农业转移人口流动、择业。

二、加强职业技能培训，多方位开拓就业渠道

1.职业技能培训应以市场需求为导向

新生代农业转移人口受教育水平和文化素养与第一代农业转移人口相比有了很大的提高，但是技能水平仍然较低。随着我国经济发展进入"新常态"，产业转型升级的压力增大，在人力成本提升和招工难的用人机制下，东南沿海的劳动密集型产业，如装备制造业领域开展了"机器换人"革命，进行机器设备的更新换代，在生产和技术上采用更加智能化和现代化的技术装备取代简单人工劳动，以减少生产成本，提高企业劳动生产率。面对这种状况，新生代农业转移人口的简单技能已经无法满足工业2.0时代对技术工人的需求和他们对自我发展的要求。新生代农业转移人口作为我国产业工人的主体，应当积极参与职业技能培训，实现个人技术层次的转型升级，积极应对产业升级的时代趋势。国家在开展职业技能培训时也应该以市场需求为导向，结合行业特点和区域经济结构，从"输血式"培训向"造血式"培训转变，把新生代农业转移人口技术层次的提升与推动产业结构转型升级、发展先进制造业、培育发展战略性新兴产业的战略目标相结合，以新生代农业转移人口和新技能建设为着力点，促进信息化与工业化深度融合，推进新生代农业转移人口稳定就业。

2.选择实用的职业技能培训内容

职业技能培训的内容选择要符合新生代农业转移人口的就业范围，根据新生代农业转移人口的就业类型选择适合他们择业和职业发展需求的内容。新生代农业转移人口文化素质水平和受教育程度在整个劳动者群体中处于较低的位置；职业技能单一，技术熟练程度较差，就业流动性较大；对职业发展期望较高，

强烈希望能够进入城市首属劳动力市场，但是由于自己原因和外部条件限制，只能在"次属劳动力市场"谋到工作，因此容易心理失衡。根据新生代农业转移人口的特点，在选择培训课程内容时，要做到以下几个方面：

第一，加强基础文化知识教育。新生代农业转移人口受教育程度普遍不高是阻碍他们提高职业技能的瓶颈，为了提高职业技能培训效果，增强培训内容接受度，培训方应该在授课过程中结合职业技能培训所需的基础文化知识对新生代农业转移人口进行普及教育。

第二，分层次开展技术培训。新生代农业转移人口虽然整体文化水平不高，但是也有相当一部分群体接受过较高层次的教育，具备从事高层次技术工作的能力和诉求，基础培训内容无法满足他们的需求。因此应当采取差别化培训，对大多数新生代农业转移人口提供一般技术培训，提供需求量较大的建筑、装修工人和餐饮、家政服务。针对少数工人实施高层次技术培训，既能满足他们从事高层次技术工作的愿望，又能为产业转型升级提供高级技术工人和特殊技能型人才。

第三，技能培训与素质教育相结合。新型城镇化的最终目的是把新生代农业转移人口转化为市民，不仅要使新生代农业转移人口拥有职业技能和稳定的工作，还需要具备良好的思想道德素质、敬业爱岗精神和融入城市的行为意识。因此职业技术培训在教授技能的同时还需要设置生活指导、心理辅导等课程，向他们普及市民应具备的素质，加强他们的文明意识、法律意识、竞争意识、市场意识、团队意识、安全生产意识等，帮助新生代农业转移人口成为遵纪守法、具备基本道德修养的合格市民。

3. 确保教育培训的经费来源

随着政府对农业转移人口技能培训的重视，投入新生代农业转移人口培训经费也在逐年增长，参加培训的新生代农业转移人口都可以获得一定培训补贴。但是新生代农业转移人口人数众多且呈现增加趋势，平均到每一个人的培训补贴几乎可以忽略不计。而企业方虽然是技能培训的受益方，但是企业出于成本和人才外流的考量，不愿承担员工培训费用，因此培训费用主要还是靠新生代农业转移人口自己承担，然而相对于新生代农业转移人口的收入，培训费用是一笔很大的开支。相对高昂的培训费用阻碍了新生代农业转移人口广泛接受职业技能培训。因此政府应建立健全技能培训补贴制度，不断扩大就业培训经费投入，将培训资金列入各级政府财政预算，设立新生代农业转移人口个人账户，确保经费使用到位、按时发放。同时发挥社会办学力量，调动职业学校等教育机构的积极性，用人单位出资实行订单培训，引入社会资金投入培训，筹集资金建立农业转移人口培训基金。鼓励新生代农业转移人口负担部分费用，根据职业需求积攒资金用于支付培训费用。付款方式可以采取分期付款、助学贷款等形式，以减轻新生代农业转移人口经济压力。

三、给予资金、政策扶持，鼓励新生代农业转移人口自主创业

2022 年《人力资源社会保障部 国家发展改革委 财政部 农业农村部 国家乡村振兴局关于进一步支持农民工就业创业的实施意见》认为，促进农民工就业创业，是保持就业大局稳定的重要支撑。创业活动的开展取决于国家的创业环境、创业政策和创业能力，鼓励新生代农民工自主创业，需要从以下几方面着手。

1. 加强对新生代农业转移人口创业的政策引导

为推进全民创业，我国政府出台了一系列促进小微企业发展的政策，但是我国目前却没有专门针对新生代农业转移人口自主创业、返乡创业的政策。提升新生代农业转移人口自主创业意愿，首要条件是制定扶持政策，为新生代农业转移人口创造公平竞争环境，降低准入门槛，为他们提供资金、技术要求不高的项目。投资具有不可分割性，纵然资金要求不高的项目也要求有基本的资金储备。资金短缺是创业者在创业初期都要面对的问题。新生代农业转移人口资产微薄，融资难度大，商业银行需加大金融扶持力度，提供足够的资金支持。商业银行要加快信贷制度创新，对新生代农业转移人口提供宽松的信贷援助，

降低其贷款门槛。增设网点，大力发展小城镇金融网络，增发小额、低息、长期贷款。设立返乡创业基金，为新生代农业转移人口提供创业启动资金。建立政府主导的信用担保体系，准确采集信用信息，科学评定信用登记，建立健全信用担保制度。在新生代农业转移人口创业前期，对创业企业实施税收减免政策，确保企业能够获得足够的利润维持再生产，企业进入成长期后再根据其盈利水平征收适当的税赋。

2. 优化新生代农业转移人口创业环境

各级政府要创新思路，把新生代农业转移人口返乡创业作为地区经济发展战略经营，从政策扶持、资金支持到税收优惠，通过各种途径为创业者提供便利条件，使国家创业政策落到实处，激发新生代农业转移人口创业热情，变"打工经济"为"创业经济"。建立创业信息平台，利用媒体发布法律政策、宏观经济形势、产品需求状况等信息。建立专家咨询委员会，为新生代农业转移人口提供项目指导、融资咨询、生产经营的全方位指导。鼓励当地的高校、研究机构、职业技术学院与创业企业之间合作交流，给予企业理论和技术的指导，加速知识向应用技术转化。加强对小城镇的交通、通信等基础设施建设，提供良好的创业环境。

3. 提高新生代农业转移人口创业能力

创业具有高风险性、创新性和复杂性，创业者除了需要具备专业技能之外，还需要企业家精神和良好的综合素质，才能提高创业成功率。但是新生代农业转移人口综合素质较低，把握市场能力较弱，创业不易成功。因此要针对新生代农业转移人口开展创业培训，使他们具备创业者应有的素质和能力。首先，要提升新生代农业转移人口把握创业机会和分析市场需求的能力，要扩展他们的视野，使他们充分了解国家的政策走向、经济走势和国内外的先进技术，在充分分析自身优势、劣势的基础上，规避风险，发现机遇，把握机会，准确选择行业和进入时机，把企业做大做强。其次，通过培训挖掘新生代农业转移人口的企业家精神，培养自立自强、开拓进取、敢为人先、勇于冒险、务实创新的精神，提高新生代农业转移人口的心理素质，正确面对创业路上的挫折和暂时的失利，提高资源获取和整合能力，利用家乡优势资源创业，提高经营水平。

四、构建和谐劳动关系，维护新生代农业转移人口利益诉求

重视新生代农业转移人口的利益诉求，积极应对新生代农业转移人口利益诉求困境，对构建和谐劳动关系具有重要意义。从我国的发展历程来看，新生代农业转移人口问题的出现是我国转型期利益冲突、制度调整时凸显的社会问题。彻底解决新生代农业转移人口的利益诉求，要破除单向度思维，纵览全局寻找问题的突破口。

1.完善集体劳动关系协调机制

劳动关系协调机制是保障新生代农业转移人口与企业平等协商议价的基础，是成熟市场经济国家化解劳动关系矛盾的重要方式。完善集体劳动关系协调机制，需要建立健全保障主体权利的法律，完善集体协商和集体合同制度，建立劳动争议处理程序的法规，完善三方协商机制。

第一，建立健全保障主体权利的法律。"劳工三权"是新生代农业转移人口最重要的权利之一，是保障集体劳动关系协调机制顺利开展的前提条件，也是保障他们利益诉求得以顺利实现的重要法律武器。建立《工会组织法》《集体合同法》《集体争议法》等保障新生代农业转移人口团结权、集体谈判权等，明确法律法规细则，创造良好的劳动法制环境，确保新生代农业转移人口行为的合法性，使谈判协商有法可依，有法可据，改变新生代农业转移人口"被代表"和"被维护"的被动身份，切实落实劳动关系主体的地位，使新生代农业转移人口能够在团结权的保障下团结起来，在对等的平台上与资方协商对话，必要的时候合理合法地使用罢工权争取自己的合法诉求。

第二，完善集体协商和集体合同制度。马克思的劳动价值论认为，集体协商制度阐发了劳动对创造价值具有重要的作用。而确保集体协商在公正和平等的基础上进行，是平衡协商双方主体，解决劳动关系矛盾，构建和谐劳动关系

的合法渠道。集体协商制度是新生代农业转移人口合法表达利益诉求的制度保障，是劳动关系双方互相沟通谈判，达成利益共识的重要渠道，是新生代农业转移人口在利益诉求多元化的时代背景下化解矛盾，减少冲突，保持社会稳定和谐的重要方式。我国应当制定《集体合同法》，用法律规范集体协商主体、规则、层次、程序、权利义务，给劳动关系双方的集体协商行为提供法律依据和法律规范，同时，加强工会组建和改革，确保工会的群众性、民主性、代表性，打造劳动关系主体平等对话的平台。

第三，建立劳动争议处理程序的法规。我国《劳动合同法》明确规定了新生代农业转移人口与用工单位签订劳动合同时，可以通过协商谈判确定劳动报酬、工作时间、休息休假、劳动安全卫生、保险福利等事项。但是并没有规定用工单位有义务与新生代农业转移人口进行谈判，也没有规定用工单位拒绝时新生代农业转移人口有权采取罢工等集体行为施压以达到促成谈判的目的。这是市场经济国家劳资协商的基本逻辑。因此我国应该建立劳动争议处理程序的法规，明确工会在谈判时推举代表的程序，何种情况下新生代农业转移人口可以否决工会推荐的代表自主举荐，自主举荐应当遵循何种程序，罢工与否应当遵循何种表决程序，罢工或游行的安排如何公开、上报，罢工或游行的行为约束，群体事件行为免责的界定等一系列问题都需要做出制度性的程序设计，帮助新生代农业转移人口走出劳动争议困境。

第四，完善三方协商机制。三方协商机制是消解劳动关系矛盾的重要机制，是劳资双方通过制度化的机制交流沟通的平台，是在劳动立法或劳工政策的框架内调解矛盾，化解劳动争议，把问题消解在群体行动发生之前的机制。目前，我国劳动关系处于矛盾多发的阶段，为保持经济社会持续健康发展，社会大局和谐稳定，我国长期以来"资强劳弱"的格局需要得到有效扭转，达到劳动关系双方主体力量均衡，形成互相博弈的实力。政府需要转变角色，从集体劳动争议的参与者转换为秩序维持第三方，完善制度保障、积极协调谈判、防止群体事件，确保劳动争议在经济事件范畴内通过谈判的方式得到有效化解。

2.健全劳动关系矛盾调处机制

第一，完善劳动争议调解制度。完善劳动争议调解制度首先需要完善相关法律，加强法制保障。当前我国关于劳动争议调解制度的法律过于原则化，缺少对劳动关系的定义，对劳动争议受案范围的界定不明确，劳动争议处理和人事争议处理并行，不利于实际操作。因此，需要明确法律条款，确保法律对劳动争议调解制度的引领作用。整合基层调解组织。当前我国劳动争议基层组织繁多且作用不大，因此，对于一些不必要的组织可以对人员进行培训后并入劳动争议仲裁机构。合理设置仲裁机构。仲裁机构的设置应根据各地实际情况，合理设置机构形式和人员构成。仲裁机构要切实发挥职能，调裁结合，畅通维权通道，积极调解争议。在劳动争议多发地区可以设立仲裁院，其他地区根据情况设置办事机构。同时对仲裁员进行职业培训，确保其具备基本的职业道德、业务素质和法律知识。

第二，完善劳动保障监察制度。完善劳动保障监察制度，要从立法上提高立法质量，改革相关的组织管理体制；要在执法上力求革新，创新"网络化"管理模式，提高劳动保障监察的效率。体制的完善与法制建设息息相关，目前我国劳动保障监察力度不大，其关键因素在于没有配套的法律条文支持。当前我国劳动保障立法存在内容泛又散、结构多又乱、层次杂且低等问题，难免会影响劳动保障监察执法力度。为保证劳动保障监察执法中有法可依，我国在制定劳动保障监察法律法规时要进一步规范，通过明确的规定给劳动保障监察提供有力的依据。加大制度创新，构建新的管理体制，以更好地满足人力、物力配备上的需要，在较大范围内得到合理、科学的分配，减少地方政府对人、财、物和执法方面的限制，确保我国劳动保障监察的独立自主性。我国目前实行劳动保障监察制度复合综合性一体化制度，工作任务重，工作要求高，要提高执法队伍素质，在文化层次和工作经验上严把关，建立统一考核机制，通过考试者才有资格进行监察工作。创新"网络化"监察途径，建立"全过程、全动态、全方位、全覆盖"的监督管理网，真正实现高效、便捷的管理模式。

第三，健全劳动关系预警机制。完善的劳动关系预警机制有助于及时准确发现劳动关系矛盾，在问题扩大化之前及时解决，能够有效防止群体事件的发生。健全劳动关系预警机制，首先，要建立完善的预警体系。建立健全市、县（市、区）、街道（乡镇）三级政府劳动关系预防预警体系，及时发现和妥善处理涉及劳动关系突出问题。劳动关系预警机制的实施主体是基层组织，健全基层预警组织，建立劳动监察网络，实现管理区域全覆盖，使劳动关系调解员切实负起责任，将矛盾化解在基层。其次，完善预警制度。基层调解员在采集监察网络信息的基础上，对信息进行分析处理，明确工作重点后在固定的时间内报给上级党委。各级党委定期对信息进行分析研究后提出处理意见，并定期对下级工作情况进行检查评估，加强跟踪问责。最后，强化管控。劳动关系预警机制，预测是前提，预报是重点，预控是关键，把握劳动关系中的矛盾易发点，及时向上级单位汇报情况，一旦发现有劳动冲突的征兆时及时介入，提前采取应对措施，及时化解危机。

3. 营造构建和谐劳动关系的良好环境

首先，提高新生代农业转移人口的素质，引导其合理表达诉求。新生代农业转移人口整体素质制约着他们的行为选择，只有提高新生代农业转移人口的整体素质，才能提升他们表达诉求的能力，优化表达渠道的选择，进而达到理想的目标效果，促进社会健康有序的运转。提高新生代农业转移人口的诉求表达能力，加强对新生代农业转移人口的文化技能培训。新生代农业转移人口受教育程度虽然比第一代农业转移人口更高，但是与整个社会的平均水准相比仍然处在较低水平，因此政府在变革社会制度、创造公平环境的同时，还需要加强对新生代农业转移人口的文化素质培训，使新生代农业转移人口能够有足够文化水平和理解力认识合法权利、表达利益诉求。

其次，提高新生代农业转移人口的收入来源。中国经济目前处于转型升级阶段，随着外资代工厂纷纷从中国撤离，中国已经开始了由劳动密集型产业为主向技术密集型产业为支柱的过渡，未来中国对简单劳动的需求会锐减，取而代之的是对技术工人和高素质劳动力的需求。加强对新生代农业转移人口的职业技能培训，解决供需结构性矛盾，优化人力资源配置，提供中国经济增长新常态下适应市场需求的劳动力，同时增强新生代农业转移人口就业竞争力，提高新生代农业转移人口的收入来源，奠定表达诉求的经济基础。

再次，强化企业的社会责任感。加强对企业经营者的思想教育，使企业主树立责任意识，明白企业追逐利益的同时还要切实承担对员工和社会的责任，这同时也是企业可持续发展的内在需要。

最后，加强和改进政府管理服务。政府要做好劳资矛盾第三方"调解员"的角色，润滑劳资关系，为劳动关系健康发展创造良好的外部条件。不断扩大社保资金来源，扩大社会保障覆盖面，减轻企业的负担，促进企业健康发展。

第三节　推进公共服务均等化，保障新生代农业转移人口城市生活

一、改革户籍制度，有步骤地推进户籍制度改革

习近平总书记在党的二十大报告中强调，推进以人为核心的新型城镇化，加快农业转移人口市民化。以人为本即国家对全体人民提供的社会福利和公共服务应该是均等的。国家有责任确保公民保持必要的生存需求和生活福祉。但是户籍制度及其代表的歧视性福利制度将城市居民和农村居民分隔在两个世界，造成了我国二元化的城乡割裂。户籍制度的解决关系到几亿进城务工人员的切身利益问题，也关乎消除对进城务工人员的歧视，获得基本待遇的问题，关乎我国以人为核心的新型城镇化目标能否实现的问题，也关系到中国经济的可持续发展顺利实现的问题。

深化户籍制度改革是提升市民化质量的必要举措，但是要把握好节奏，积极稳妥分类进行。针对当前户籍制度改革中存在的隐形落户门槛的问题，要完善政策实施评估机制，抓紧督促落实，确保城区 300 万以下常住人口城市按照

中央文件要求，取消落户限制，做到"应落尽落"，使农业转移人口能够自由落户。进一步放宽300万以上常住人口城市落户限制，到2025年，除超大城市外，取消所有城市的落户限制，推动人口自由有序流动。超大城市是农业转移人口的主要流入地，是户籍制度改革的主阵地，也户籍制度改革的难点，我国某些一线城市的农业转移人口数量甚至超过了户籍人口。因此推进超大城市的户籍制度改革对于提升市民化质量至关重要。对于超大城市应坚持居住证与落户并重的方式，分阶段、分步骤的推进户籍制度改革和福利制度改革同步进行，逐步实现户籍制度和福利制度互相剥离，一方面拓宽落户渠道、降低落户门槛，不断完善积分落户政策，相应地降低学历等比重，将稳定就业、社保缴纳年限等因素纳入考虑范围，使更多有落户意愿的农业转移人口能够拥有落户机会；另一方面完善居住证制度，不断扩大居住证提供的公共服务、社会福利的范围，在城市承载能力有限的前提下，使暂时无法落户的农业转移人口享受到更多城市的福利待遇，直到改变户籍制度与社会服务相挂钩的体制。

改革户籍制度，不只是改革户口和居住登记制度，更重要的是改革城市户籍所代表的，户籍所在地政府提供的保证最低生活的救助服务、政府的补贴性住房、进城务工人员随迁子女教育问题。习近平总书记指出，改革户籍制度要"加强城乡社会保障体系建设，继续完善养老保险转移接续办法，提高统筹层次。要继续加强保障性住房建设和管理，加快棚户区改造"。通过改革与户籍制度相关的管理体制、经济政策、财政制度，采取配套的社保和公共服务措施，从根本上变革现有的户籍制度。不仅改革户口和居住登记制度，更重要的是改革能给进城务工人员的生活带来实质性改善的社会保障制度。通过户籍制度改革的路径，减少公共服务的差异化提供，在不降低原有城市居民享受公务服务和社会福利水准的情况下，使全民福利一体化，真正做到让农民分享改革红利。

目前，我国户籍制度改革已经进入攻坚阶段，"户籍制度改革是一项复杂的系统工程"，是长久之计，不能一蹴而就，"既要统筹考虑，又要因地制宜、区别对待"。户籍制度改革需要兼具整体性和系统性的政府顶层设计，又要考虑地方政府的具体情况，考虑到城市提供就业机会、吸纳就业人口的能力，先开放小城市和城镇对进城务工人员的落户限制，允许已经在城市有固定住所和生活来源的进城务工人员落户，"优先解决存量，有序引导增量"。目前，由于我国农村户籍与土地挂钩，对于市郊农民来说，土地有升值潜力，非农收入不菲，子女可以在公办学校就读，他们对于解决户口的热情不高，对于这一部分人，要依法保障农民的利益，维护农民的决策权和定价权，土地收益归农民所有，真正让农民受益，不能让土地的收益变成少数人的盛宴。

户籍制度改革也有利于构建新生代农业转移人口身份认同。目前新生代农业转移人口的身份认同体现出不确定性的特点，这是新生代农业转移人口的思想意识与外界环境互动频繁和剧烈的表现之一，也体现出了农业转移人口身份的两个不同归属：融入城市，成为新兴市民群体的一员或是返回农村，恢复人们观念中的农民身份（当然是现代农民）。从我国的城镇化和农业集约化发展进程来说，实现身份跨越、成为市民应该是包括新生代农业转移人口在内的大多数农业转移人口的选择。由于城乡的巨大差距以及财富创造能力的衰退，绝大多数第一代农业转移人口并没有按照有利于我国社会进步的最佳"路线"留在城镇，而是回流到了农村。因此，我们的政府有必要提供更多的优惠措施和服务，引导新生代农业转移人口成为新市民的主体。根据我国城镇化道路的选择，新生代农业转移人口融入城市的途径主要有两条：一条是依靠自身的工作技能和居住年限的积累，在经济地位上达到所在城镇居民的水平，获取城市户籍，融入一线城市；二是在中央或地方政府的发展规划下，与户籍所在地的其他居民一起被纳入城镇居民群体，但在这种新型城镇中他们的生活水平并不会达到原有市民的高度。由于新生代农业转移人口自身教育和技能水平仍然较低，加上各种其他社会因素导致的财富创造能力较弱，大部分新生代农业转移人口仍要通过第二种途径实现融入城市。但这一途径在实现其融入城市的同时，仍然存在不少问题。这种途径提供的工作并不与新生代农业转移人口的意愿相符，导致很多新生代农业转移人口的劳动力流动并没有减少，这种融入城市更多的是一种"名义上"或"制度上"的融入城市，并没有解决他们在流入城市时面临的问题。因此适合新生代农业转移人口的融入城市道路应综合以上两种途径的优势，选取城镇中新生代农业转移人口比较集中的生产区域，将它们作为城镇化的单位来实现新生代农业转移人口的融入城市。这种建立在生产活动之上的融入城市道路，不仅可以减少企业劳动力频繁的更换，保障新生代农业转移人口的合法权益，还可以充分体现城镇化的实际意义。市民身份与农民身份的区别是引起新生代农业转移人口陷入身份认同困境的影响因素，但是市民身份也应该是大多数新生代农业转移人口的最终归宿，因此，新生代农业转移人口将来获得市民身份后，其面临的身份认同困境应该也就自然化解了。

二、完善社会保障体系，促进新生代农业转移人口的城市融入

第一代农业转移人口最终往往要回归农村，他们的社会保障可以参照农村标准执行。但是新生代农业转移人口绝大多数希望留在城市居住和发展，农村社保无法满足他们的需求，城市的社会保障体系他们又无法进入，因此新生代农业转移人口的社会保障问题更加突出也更加亟待解决。

1.完善社会保障法律体系

第一，加快新生代农业转移人口社保立法。我国《宪法》中虽然规定了中华人民共和国公民有享受社会保障的权利，但是相关的社会保障法律法规并不健全，严重影响了公民平等享有社会保障的权利。当前加快完善社会保障法律体系不仅契合我国依法治国的时代主题，更是维护社会公平正义的需要。社会保障立法要彰显保障新生代农业转移人口权益的主题，把他们作为一个独立的群体专门立法，如《农业转移人口社会福利法》等。提高新生代农业转移人口立法层次。我国目前针对新生代农业转移人口的社会保障法律政策立法层次不高，多数是由地方政府或政府部门立法，权威性相对较弱。应该把立法层次提高为由全国人民代表大会及其常务委员会或者国务院审议通过的法律法规，增强社会保障法律法规的权威性、执行力和全国通用性。解决各地政策不统一、不协调的问题。扩大社会保障立法涵盖面。当前针对新生代农业转移人口的社

会保障法律政策以工伤、医疗和养老的社会保险为主，失业保险和生育保险较少。因此社会保障应扩大覆盖面，做到广泛、全面，不仅包含所有的社会保险，还要加入社会优抚和福利，保障新生代农业转移人口住房、生育、子女教育等方面的权利。

第二，加强法律实施与监督。"法律的生命力在于实施，法律的权威也在于实施。"[①] 新生代农业转移人口社会保障法律法规执行力较差，有法不依的现象时有发生。我国法律规定用人单位有义务为新生代农业转移人口提供"五险一金"，"五险"包括养老保险、医疗保险、失业保险、工伤保险和生育保险，"一金"指住房公积金。但是能够按时足额为新生代农业转移人口缴纳"五险一金"的单位很少，用人单位有法不依，相关部门的监督管理也存在缺位现象。加强社会保障法律的实施，提高新生代农业转移人口参保率需要明确政府各职能部门及企业管理者的责任与应尽的义务，以法律的形式明文规定，做到有法可依。同时建立严格的监督机制，加强对新生代农业转移人口参保情况的监督，确保社会保障法律法规得到严格执行，保障新生代农业转移人口社会保障权益。

第三，加强司法援助。新生代农业转移人口具有强烈的维权意识，当他们的利益诉求无法通过合适的途径得到有效维护时，越来越多的新生代农业转移人口希望通过运用法律手段解决自己的困境。但是由于新生代农业转移人口大多属于弱势群体，缺乏足够的经济实力和知识储备支付高额的诉讼费用，应付烦琐的诉讼程序、仲裁过程。国家应当充分发挥公共服务提供者的职能，加强资金支持和人员配备，简化司法救助申请手续，使新生代农业转移人口打得起官司，敢于打官司，使新生代农业转移人口得到需要的法律援助和司法救助。

2. 完善社会保障制度体系

首先，以实际劳动关系为缴纳保费准则。新生代农业转移人口属于次级劳动力市场，虽然中央三令五申强调用工企业必须签订劳动合同，但是事实上新生代农业转移人口签订劳动合同比率很低。大量用工单位只是把新生代农业转

---

① 中共中央关于全面推进依法治国若干重大问题的决定 [N]. 人民日报，2014-10-29(001).

移人口当作临时工、小时工、季节工使用，未纳入正式编制，也没有签订劳动合同。而我国社会保险制度以劳动合同签订为依据，这就使得大量用工企业有机可趁，以不签订劳动合同的方式逃避应尽的缴纳社会保险金的义务。因此应以事实劳动关系而不是劳动合同为准则为新生代农业转移人口缴纳社会保险。

其次，完善异地转接制度。目前我国已经出台了多项法律法规规定养老和医疗保险可以随本人的工作地点变化跨地区转移，但实施效果并不理想。针对这种状况，可以建立全国统一的社会保障信息管理网络平台，做到个人参与社会保障信息透明可查，便于异地转接管理与核查，避免异地转接手续烦琐，对接困难。为平衡社会保险基金转入地和转出地的利益，可以考虑社会保险转入地一次性接管个人账户和统筹账户中的全部资金。或者在工作地点变化之后，暂时冻结原工作地的养老保险金额，待本人退休之后，最后工作地接管全部养老保险基金。其他保险也采用这种方式，累积计算、分别支付、最后接管，按比例进行支付。

三、完善城市住房供给制度，解决新生代农业转移人口住房问题

《"十四五"新型城镇化实施方案》明确提出，要提高农业转移人口住房保障的实际享有水平。我国各地经过实践探索也推出了一些针对农业转移人口群体的住房保障模式，有助于解决新生代农业转移人口的住房供给问题。但是这些模式尚未成熟，忽视了新生代农业转移人口在住房保障水平和保障需求上的代际差异，还需要进一步探索新生代农业转移人口住房保障的个性化解决方式。

1. 实行差异化的住房保障政策

新生代农业转移人口虽然整体属于低收入群体，但是群体内部已经出现了分层现象。因此住房保障模式的构建和创新应该充分考虑到不同层次的购买力，采取分类供应的模式满足不同需求。将居住在城市超过一定年限并拥有稳定职

业的新生代农业转移人口纳入住房保障范围，同时以新生代农业转移人口的年收入为依据划分高、中、低档，根据不同梯度制定多元化的政策。新生代农业转移人口群体中，一些具备熟练技能的技术工人已经脱离了"弱势群体"的范畴，初步具备了在城市生存的能力。针对这类高收入新生代农业转移人口，政府可以为其提供符合其购买能力的商品房或者经济适用房，或者出台优惠政策，鼓励其通过住房公积金贷款的方式自行购房，通过挖掘高收入新生代农业转移人口的住房需求实现房地产去库存化。例如黑龙江省哈尔滨市、安徽省芜湖市、四川省眉山市支持农业转移人口缴存住房公积金，同时配套提供组合贷款，实际上也是对农业转移人口购房的鼓励和补贴。对于中等收入新生代农业转移人口群体，将其纳入廉租房和经济适用房保障体系。对于低收入新生代农业转移人口群体，政府负责为其提供公租房。科学合理规划公租房区位，避免形成"城市贫民窟"。依据收入向各阶层新生代农业转移人口提供差异化的住房补贴。加强监管，确保住房保障政策能够真正惠及新生代农业转移人口。

2. 引入多样化的住房服务供给渠道

政府有免费提供公共物品的职能，因此理想化的住房服务供给渠道是政府出资建设一批选址合理、设施齐全的新生代农业转移人口公寓，并以低于市场价格的房价或租金提供给新生代农业转移人口。但是目前我国经济下行压力较大，各级政府财政资金不足，加之保障房收益较低，政府出资积极性不高，因此，在住房服务供给中可以引入住房保障PPP模式，即政府和社会资本合作(public-private-partnership，PPP)模式。党的十八届三中全会提出，允许社会资本通过特许经营等方式参与城市基础设施投资和运营。2014年9月，财政部发布了《关于推广运用政府和社会资本合作模式有关问题的通知》，规定"各级财政部门要重点关注城市基础设施及公共服务领域"，对具体的设施和领域进行了界定，并提出"优先选择收费定价机制透明、有稳定现金流的项目"。该通知认为保障住房适宜采用PPP模式。PPP模式中包含的各种运作方式虽然合作期限各不相同，但是都适合应用于保障性住房。如：8年的委托运营（operations

& maintenance，O&M）、3 年的管理合同（management contract，MC）、20~30 年的建设—拥有—运营（build-own-operate，BOO）、不涉及期满移交的转让—运营—移交（transfer-operate-transfer，TOT），以及 20~30 年的改建—运营—移交（rehabilitate-operate-transfer，ROT）等多种运作方式。具体实施建议以建设—运营—转让、建设—运营—出售、房地产信托投资基金和住房合作社为主。

四、加强新生代农业转移人口子女的发展和权益保护

与第一代农业转移人口候鸟式的迁徙方式不同，新生代农业转移人口出现举家流入城市的趋势，这就使得新生代农业转移人口随迁子女在成长中面临着融入城市社会的难题。现阶段大多数新生代农业转移人口子女处于人生观和价值观初步形成的阶段，他们对社会的认识以及身心发展趋向何方，是否能够融入城市社会，是新生代农业转移人口融入城市进程中应该重点关注的问题。

新生代农业转移人口子女大多数是处于义务教育阶段的少年儿童，他们大部分时间在学校度过，学校是他们学习文化知识和社会交往的重要平台。因此教育是新生代农业转移人口子女提升人力资本水平，获取知识和生产技能，改变其从父辈那里继承的弱势群体地位，获取发展和向上流动的社会资源，获得体面工作和稳定生活来源的重要方式。教育本身是一种权利，同时也是获得其他权利的基础。接受教育意味着获得了理解社会存在和发展的价值模式、制度基础和社会结构的知识储备，是参与政治生活、获得政治权利的前提条件。新生代农业转移人口子女通过在城市接受教育能够扩大群体的政治参与度，获得更多民主权利，争取更多的话语权，提高群体社会地位。学校除了传道、授业、解惑的功能之外，还能够为缺乏足够家庭教育的新生代农业转移人口子女提供收纳场所，增强其对城市的归属感。新生代农业转移人口职业稳定性较差且工作时间较长，缺乏时间和精力对子女进行家庭教育。而新生代农业转移人口子女城市社会网络单一，缺少隔代关爱和同辈交往，很难建立超越乡缘的社会关系网络，难以形成和城市同龄人的有效沟通，更无从建构形成城市归属感。学校则提供了良好的交往平台，使新生代农业转移人口子女有可能建立城市社会

网络，更好地融入城市社会。

随着"两为主"政策的执行，新生代农业转移人口子女异地入学问题得到了解决，但是新生代农业转移人口子女仍然在学前教育、义务教育期间和升学率三方面都存在各种困境，针对这些困境，要采取有效措施对症下药，加强新生代农业转移人口子女的发展和权益保护。

1. 确保新生代农业转移人口子女均等接受学前教育

接受学前教育能够保障新生代农业转移人口子女教育起点公平。学前教育在我国不属于义务教育范畴，但学前教育是学生接受义务教育的基础，对家庭教育缺失、社会交往网络单一的新生代农业转移人口子女来说，接受学前教育尤其重要。因此，作为基础教育的基础，学前教育的重要作用不可忽视。目前我国城市公办幼儿园市场供给严重不足，且入园需要户口本、房本、幼儿免疫本三本齐全才具备报名资格，过高的门槛把新生代农业转移人口子女挡在了学前教育之外。私立幼儿园费用过于高昂，超出了新生代农业转移人口承受范围。因此，保障新生代农业转移人口子女享受学前教育权利，需要政府承担起为居民提供公共物品供给的责任，向新生代农业转移人口幼儿提供学前教育服务，保障新生代农业转移人口子女不"输在起跑线上"。解决新生代农业转移人口子女学前教育面临的问题，政府应参照"两为主"政策，新生代农业转移人口输入地政府切实负起责任，以维护教育公平和教育均衡为政策制定的价值取向，保护弱势群体发展权益。在操作层面上，可以通过政府购买、减免租金、派驻公办教师等方式吸引社会力量的参与，增加学前教育供给，并对学前教育阶段家庭提供必要的经济和服务等方面的补助，防止其受教育权利受损。

2. 促进义务教育阶段的新生代农业转移人口子女融入学校

目前新生代农业转移人口子女能够享受在流入地接受义务教育的权利，但是进入学校之后却得不到同等待遇。教育过程对新生代农业转移人口子女的融入起着重要作用，因此，需要完善"两为主"政策中关于教育经费来源等模糊的地方。我国传统义务教育经费是按照户籍所在地学龄人口总数给当地的公办教育机构划拨费用，这就使得劳动力输入地政府和学校解决新生代农业转移人口子女义务教育的动力不足，可以改变经费划拨方式，对新生代农业转移人口子女发放"教育券"，政府财政通过学校获得教育券的数量对教育支出进行转移支付，达到教育经费随人走的效果，提高劳动力流入地政府提供均等义务教育的积极性。北京、上海、广州、深圳四个一线城市拥有数量庞大的新生代农业转移人口群体，生源压力较大，应该增加学校数量，缓解供需压力。在教学程序上使新生代农业转移人口子女与城市同龄人享有同等待遇，在分校、分班、分座、师资配置、班级规模上一视同仁，在教学过程中无差别对待，增加对新生代农业转移人口子女发展状况客观、公正的多样性评价，使新生代农业转移人口子女身心得到健康发展，促进新生代农业转移人口子女融入学校和城市社会。

3. 提高新生代农业转移人口子女升学率

根据我国目前的规定，新生代农业转移人口子女虽然能够在迁入城市接受义务教育，却不具备在迁入地参加升学考试的资格。目前很多省份异地高考的政策有所松动，但是距离新生代农业转移人口子女在迁入地参加高考还有很长的一段路要走。新生代农业转移人口工作、生活、居住在城市，早已成为城市的一分子，对城市发展和繁荣做出了巨大的贡献，新生代农业转移人口的子女理应和城市同龄人享受同等的教育权和升学权，他们在父母工作的地区接受教育，也理应作为本地生源在当地报名参加高考。"十四五"规划指出，加快城镇学校扩容增位，保障农业转移人口随迁子女平等享有基本公共教育服务。高考和升学是接受教育的一部分，也是新生代农业转移人口子女应具备的权利。但是实际情况却是高考制度改革进展缓慢，各地教育部门缺少改革高考制度、解决异地新生代农业转移人口子女高考问题的动力。本着贯彻"依法治教"的原则，地方政府不应设置门槛，拖拉观望。新生代农业转移人口子女异地高考可以根据父母的暂住证、父母有当地企事业单位发给工资或劳务费的证明，或者从事经营向税务机关纳税的证明以及务工所在地读完三年高中的学历证明为凭证报名参加考试。

第四节　优化城市发展战略，加速新生代农业转移人口融入城市进程

一、以城市群战略模式为依托优化城市空间布局

2015 年 11 月 3 日，《中共中央关于制定国民经济和社会发展第十三个五年规划的建议》提出："以城市群为主体构建大中小城市和小城镇协调发展的城镇格局，加快农业转移人口市民化。"该建议指明了我国以城市群战略模式为依托优化城市空间布局的新型城镇化战略发展模式。城市群的称谓有很多，包括城市圈、城市带、都市圈、都市区、大城市区等，其内涵是指"集中连片的城市地区"。20 世纪 50 年代以后，发达国家以经济发达的大都市为核心区域，逐渐辐射形成城市群，并逐步演变为发达国家主要的城市形态存在。

我国新生代农业转移人口虽然人数众多，分布区域也较为广泛，但是绝大多数集中在京津冀地区、长江三角洲和珠江三角洲地带。大量新生代农业转移人口的涌入带来的集聚效应加上自身的区位优势成为这些地区飞速发展的核心驱动力。三大城市群的形成也初具规模。2022 年《中国三大城市群高质量发展及其影响力报告》发布，北京是京津冀城市群的核心城市，高质量发展影响力得分为 0.865；上海是长三角城市群的核心城市，高质量发展影响力得分为 0.795；深圳与广州是珠三角城市群的核心城市，高质量发展影响力得分分别为 0.705、0.672。[①] 城市群并非几座孤立的城市的简单组合，而是一个由中心城市为核心，彼此分工、层次分明的城市网络。以京津冀城市群为例，北京作为首都是京津冀城市群的中心城市，集中了全国优质公共资源、市场资源、智力资源和劳动力资源，本身就具有"城市群"的特点，区域内第二个直辖市天津具有中心城

---

① 三大城市群高质量发展及其影响力报告发布　北京高质量发展影响力全国领先 [EB/OL]. https://m.thepaper.cn/baijiahao_20623833.

区、郊区新区和村镇各级行政区划，也具备"城市群"的特点，河北省会石家庄，唐山、保定等地级市、各县级市以及小城镇也形成了功能各异的"城市群"。不同城市具有不同功能，承担不同的分工和定位，通过交通一体化连接在一起，形成连片的城市区。在已有的区位特征和产业布局基础上，确定功能布局、产业转移和协同发展，在存量上提升和优化。

中国的城市群虽然对经济社会发展做出了重要贡献，但其规模和对 GDP 的贡献仍然具有较大的发展空间。我国新型城镇化的发展要发挥特大城市的带动作用，以城市群战略模式为依托优化城市空间布局。

首先，转变对特大城市的排斥心理。长期以来，我国社会对大城市发展存在偏见，对城市膨胀的负面作用看得过多。有些人认为外来人口流入会使城市超出人口资源环境承载的极限，带来严重的"城市病"，城市外来人口需要得到有效控制。其实特大城市和周边城市群是共生关系，对周边城市有极大的带动作用。因此必须意识到大城市的人口扩张是我国城镇化发展的必然结果，无论采取多严格的人口控制措施，大城市的人口还是会快速增长，"堵"不如"疏"，与其阻止人口涌入不如采取措施积极应对，超前规划城市的基础设施建设，增加公共资源供给。

其次，合理规划城市群功能，减轻大城市人口资源环境压力。中国有 14 亿人口，北京、上海、广州、深圳等一线城市的人口承载能力确实有限。一线城市在膨胀的过程中会遭遇城市发展的"瓶颈"，某些产业和功能会打破行政边界，向周边的城市和地区扩散，在疏解特大城市产业压力、疏散城市人口压力的同时，发挥了中心城市的区域带动作用，使周边城镇承接中心城市部分产业和功能，形成大都市绵延区，促进区域经济协同发展。

二、以"新常态"为契机促进城市产业布局合理化

伴随着中国经济由"中国奇迹"转向"中国新常态"，传统产业的发展问题日益凸显，以劳动和资源密集型产业为支撑的城市普遍面临着资源枯竭、企业破产、生态环境严重破坏、经济结构失衡、失业和贫困人口增多、替代产业

发展乏力等经济社会问题，战略性新兴产业尚处于萌芽培育期，在积极推进企业转型升级的同时，要合理规划产业布局，将劳动密集型和土地密集型产业转移到城市外围或农村乡镇，既缓解城市的压力，又为一些具备内生发展动力的小城镇发展带来机遇，有利于促进新生代农业转移人口就地城镇化。

产业布局是指产业在一定地理空间上的分布组合情况。随着科学技术的进步，产业技术更新换代的速度也越来越快，因此产业布局也要随着技术升级不断变化。根据能够充分利用区域资源的最佳形式合理安排产业的空间分布，实现优化资源配置。

1. 抓好产业布局的统筹规划

产业布局规划要以城市群为着眼点，统筹整个城市群的产业规划和区域布局，打破城市的行政区划界限，充分发挥中心城市的外溢效应和带动效应，形成分工明确、有序、相互协作、连接紧密的产业格局。规划产业布局时要充分考虑社会经济条件和地区资源禀赋。地区资源禀赋对生产成本有显著影响，是企业生产和发展的基础条件，可以将原料指向性较强的食品加工业等转移到原产地，便于采摘之后就地进行生产和加工。地区的技术基础是影响产业布局的重要因素，技术条件是联结产业和资源的纽带，新技术和材料的使用会使生产布局发生革命性的变化。产业集约化能够促进技术密集型产业群的涌现，从而加速高新技术出现的频率，推进产业技术的更新换代，因此高新技术产业要向科学技术比较发达的地区集中，建立工业园或高新技术开发区集约发展。地区的社会条件，如人口数量、劳动力资源、消费水平等都对产业布局有制约作用，对一些劳动力密集型产业，可以考虑将其布局在新生代农业转移人口输出大省中交通比较便利、经济相对发达的城市或城市圈，在带动当地经济的同时，可以促进新生代农业转移人口就地融入城市。对于一些占地面积较大的工业则向郊区转移。

2. 培育以核心企业为基础的产业链

新型城镇化的核心是促进新生代农业转移人口融入城市，新生代农业转移人口融入城市的前提是新生代农业转移人口能够在城市安居乐业，而培育核心企业，形成区域产业链，是促进新生代农业转移人口稳定就业和生活水平提高的必要条件。各地政府要充分挖掘自身的区域优势，根据实际情况以现有产业和园区为依托，以特色产品为龙头，以重点企业为支撑，以产业链为纽带，加强产业内部和产业间互动，构建特色产业集群，逐步向规模化、专业化、特色化发展，发展起具有竞争力和可持续发展能力的现代企业集群，带动区域经济蓬勃发展。例如在长江三角洲地区，由于毗邻一线城市上海，周边的大中小城市通过整合各自的优势资源，分担核心城市的某些功能，逐渐产生城市间分工和协作，以上海为中心，向产业上下游辐射，使整体更具竞争优势。周边城市做大做强之后又逐渐向小城镇扩散，逐步出现工业小城镇和以旅行度假为特色产业的小城镇。例如北京由于五环以内房价极高，人们的居住地先是向市郊转移，又延伸到河北郊区的小城镇，小城镇先是承载了特大城市的居住功能，然后又衍生出商贸流通功能。因此周边城市和小城镇正是在与中心城市的互动中，形成与城市或城镇地位相适应的、合理的分工和布局，形成本地配套产业，并不断发展壮大。

第五节　增强城市包容能力，推进新生代农业转移人口城市融合

一、消除农业转移人口歧视是现代社会的现实责任

2015年4月2日周四晚21：20，广东卫视《你会怎么做》节目将镜头对准生活在城市夹缝里的群体：农业转移人口。根据节目中的采访得知，他们的业余生活无非就是"睡觉"与"闲聊"。他们坐地铁的时候，连座位都不坐。他们不进图书馆读书，不去餐厅吃饭，更不会进电影院看电影。可事实上，不是他们不想去学习，不想去娱乐，只是因为他们遭受了种种不善待的行为，遭受太多的歧视，使得他们不敢多说多做，以至于吐露出这样的心酸对白：我怕城

里人。

靠自己双手努力赚钱的农业转移人口，本应值得尊敬，但是他们却被所谓的"城市人"有意无意地伤害着，被迫遭受种种不善待的行为。对农业转移人口的歧视，愈加成为一种可怕的现代社会病。

《就业促进法》里就列出了就业歧视的形式：民族、种族、性别、宗教信仰、年龄、身体残疾。除此之外，如今社会还普遍存在身高歧视、相貌歧视、身体状况歧视、婚育状况歧视、地域歧视、户籍歧视等。

对农业转移人口的歧视无疑就是一种户籍歧视或身份歧视，因为农业转移人口不是这个城市的主人，只是打工仔，只是流动人口，只是民工潮。但是，城市的主人们是否想过，高楼大厦是农业转移人口建，苦脏累险活是农业转移人口干，你的衣食住行里都有农业转移人口"不光彩"的辛勤身影。可以毫不夸张地说，农业转移人口的脏换来了城里人的洁，农业转移人口的粗换来了城里人的细，农业转移人口的俗换来了城里人的雅，农业转移人口的累换来了城里人的舒，农业转移人口的苦换来了城里人的甜。对农业转移人口"脏了我一个，洁净千万人"的贡献，我们应该向他们投去同情乃至赞佩的目光，而不是居高临下、不屑一顾、格格不入的歧视和怠慢。

农业转移人口干的是苦脏累险活，得到的却是最廉价的工资待遇，甚至为了辛苦血汗钱走上了漫漫讨薪路。农业转移人口物质待遇差，"精神待遇"也不容乐观，除了白眼，甚至还要受到某些市民的谩骂和殴打。单位出了质量、安全等问题，被处罚、被开除、替罪的，首先就是包括农业转移人口在内的临时工。农业转移人口的社会疏离感和精神悲苦少有人问津。正是由于社会的普遍歧视，农业转移人口自己都觉得自惭形秽、自我轻视了。某地铁车厢发生的一幕让人心酸和痛楚：两个农业转移人口蹲在两个空座位旁，有人问为什么不坐座位，答曰怕弄脏了座位。农业转移人口的这种"自觉意识"折射出的正是对自己身份、地位乃至人格的"不自信、不自强"，对"只有社会分工不同，没有高低贵贱之分"的不相信、不认可，委实悲哉。

2009年召开的中央经济工作会议上，国家首次用"农业转移人口"替代"农民工"。时至今日，国家等官方文件都以"农业转移人口"来称呼这一群体。2012年，广东和河南相继取消了对进城务工人员的"农民工"称呼，改之以"异地务工人员"这一称呼来指代这一群体。广东首次正式用到"异地务工人员"提法，提出今后原则上不再叫"农民工"。这无疑是一种进步，是社会开始消除歧视、接纳农业转移人口的良好开端，但是消除农业转移人口的歧视，远非更换称谓这么简单。要使城市居民真正平等对待农业转移人口，还有很长的路要走。

二、关注群体心理健康，增强新生代农业转移人口心理适应能力

由于新生代农业转移人口在城市生存空间狭窄，工作强度大、竞争激烈，人力资本投资缺位，缺乏关怀等原因，造成整个群体普遍存在严重心理失衡现象，新生代农业转移人口心理健康问题不容乐观。要实现新生代农业转移人口与城市居民和谐共处，必须对症下药，建立政府、企业、家庭、社区四级联动机制，采取相关心理干预策略，关注新生代农业转移人口心理健康，提升群体心理素质，增强心理适应能力。

1. 消除新生代农业转移人口的"镜中边缘人"心理

新生代农业转移人口"镜中边缘人"心理的出现，除了个体差异引起的个人因素之外，主要是由行业体制、社会制度和经济地位引起的。新生代农业转移人口长期处于城乡二元体制中的弱势地位，不能享受城市居民特有的社会保障和社会福利，身份焦虑导致心理敏感和自卑，容易产生"失败者"心理。因此城市要提高包容性，剥离户籍制度的"黏附"功能，剥离户籍制度的地域性、身份性、福利性功能。消除身份认同危机，缓解新生代农业转移人口的"镜中边缘人"心理。

2. 增加企业的心理健康投资

企业要本着"以人为本"的理念，在满足微观主体追求利润的主体目标的

同时，切实承担起社会责任，做好员工的心理建设。保证员工的休息时间，严格实施八小时工作制，确保新生代农业转移人口身心得到休息，建立员工培训制度，帮助新生代农业转移人口提升职业技能，提高新生代农业转移人口劳动报酬，确保劳动力再生产顺利进行，构建独特企业文化，减少工业文明对人性的压抑，增加人力资本的心理健康投资，改善新生代农业转移人口的心理状况，建设企业心理测试和分析机制，对重要员工进行心理分析、情绪疏导，及时缓解心理症状，搭建娱乐活动平台，帮助新生代农业转移人口缓解工作压力。工会也要负起责任，多组织活动，丰富新生代农业转移人口的业余生活，让他们在活动中愉悦身心的同时扩大交际范围，改变封闭心理。

3. 建立新生代农业转移人口心理健康监控体系

新生代农业转移人口的群体特殊性使得这一群体的心理健康极易出现问题，因此要针对这一特殊人群设立心理健康调适、监控和预防体系，根据新生代农业转移人口内部不同群体异质性制定差异化策略。针对新生代农业转移人口收入低的特点，可以通过帮助他们参加员工援助计划 EAP(employee assistant program) 来提升职业竞争力，提高收入水平。针对新生代农业转移人口社交网络狭窄的特点，可以通过各种活动和渠道扩大社交范围，打破传统的局限于亲缘、同乡和网友的社交圈，逐渐转变为以同事和社区居民为主的"异质性"社交网络。关注新生代农业转移人口女性的心理健康问题，针对女性特点建立倾诉渠道，帮助她们舒缓压力。重点关注留守儿童的心理健康，尽可能安排留守儿童跟随父母在城市就读，以学校为载体，政府、家庭联合管理，加强新生代农业转移人口与子女的良好沟通、良性互动，引导新生代农业转移人口子女心理、学业、身体均衡发展。

4. 强化社区心理健康疏导职能

社区是新生代农业转移人口与城市互动的重要平台，社区要关注新生代农业转移人口心理健康，在对社区居住人员情况进行充分了解的基础上，建立社区居民心理健康档案，针对新生代农业转移人口的需求提供相应的心理咨询、危机干预和康复指导等服务，并及时关注新生代农业转移人口心理健康变化趋势，对脆弱和敏感型人格的新生代农业转移人口予以足够的关注，并有针对性地开展工作，预防、预警、干预相结合，及早发现危机，及时化解疾病。

三、构建积极舆论引导，提高新生代农业转移人口城市接纳度

消除歧视，提高新生代农业转移人口城市接纳度，要充分发挥媒体的舆论导向作用，加大对新生代农业转移人口"城市建设者"的宣传力度，积极为农业转移人口群体正名，扭转城市居民对农业转移人口群体的不良印象，引导市民了解农业转移人口群体对城市发展和经济增长做出的贡献，消除隔阂和歧视。同时通过媒体的推广功能，向新生代农业转移人口普及新市民应该遵守的行为准则，提高新生代农业转移人口的综合素质，增加其城市融入能力。

1. 构建新生代农业转移人口城市融入的信息平台

现代社会是信息社会，"信息不完全"是影响新生代农业转移人口城市融入的主要瓶颈。新生代农业转移人口在城市安居乐业需要大量的就业信息、培训信息和维权信息带来的知识、财富作为支撑条件。然而城乡二元结构下农民信息闭塞，文化水平普遍低于城市居民，再加上社会主流媒体提供的报纸、杂志、电视等文化服务主要针对城市居民，导致在信息爆炸式增长的时代，媒体提供的信息越多，新生代农业转移人口与城市居民的文化差距反而越大。因此媒体要着眼于新生代农业转移人口的信息需求，打造新生代农业转移人口信息服务平台，使这一群体能够及时、便捷地获取就业、生活、自我提升中需要的各类有效信息，增强新生代农业转移人口把握工作机会、提升职业技能、提升自身素养、维护利益诉求的能力，加快新生代农业转移人口融入城市进程。新生代农业转移人口在融入城市过程中遭遇的困境，很大程度上是因为城市群体和农业转移人口群体之间缺乏良好的沟通和足够的了解。具体表现为：政府部门制定的政策不能对症下药，无法有效解决新生代农业转移人口的问题；新生代农

业转移人口的权益受到侵害时，也不能运用法律、政策，通过有效途径进行维权。久而久之，就会引发激烈的群体性事件。这些问题的产生虽然有其深层次的政治、经济、社会因素，但是具体操作层面的信息严重不对等是主因。因此充分发挥媒体的信息交流和沟通的作用，构建新生代农业转移人口城市融入的信息平台，为新生代农业转移人口提供信息参考，也为政府制定政策提供依据。

2. 树立新生代农业转移人口城市融入的正面形象

新生代农业转移人口是我国经济发展和城市建设的中坚力量，是产业工人的主力军。但是"农业转移人口"这一称呼却始终和"脏""素质低下"这些污名联系在一起。媒体应该承担起社会责任，充分发挥舆论引导作用，积极为新生代农业转移人口正名，树立起新生代农业转移人口城市融入的正面形象，改变新生代农业转移人口在城市居民心里的负面印象，提高城市社会对新生代农业转移人口的接纳度。新闻媒体对新生代农业转移人口群体进行报道时，一是要坚持"以人为本"的原则，多关注他们的生活疾苦，多反映他们的利益诉求，本着为新生代农业转移人口解决难题的原则做节目；二是要坚持"实事求是"的原则，目前的新闻报道大多着眼于新生代农业转移人口权益被侵害产生的社会矛盾及其引发的社会事件，将新生代农业转移人口作为弱势群体甚至是危害社会稳定的群体来看待。其实新生代农业转移人口踏实勤劳，为了追求更好的生活到城市谋求自身发展。他们只是因为各种原因无法在城市站稳脚跟。因此媒体要转换关注焦点，用正确的事实树立新生代农业转移人口正面形象，扭转公众对新生代农业转移人口的不当态度和看法。同时要通过媒体赋予新生代农业转移人口话语权，改变以往通过专家、政府官员描述了解新生代农业转移人口状况的形式，让新生代农业转移人口为自己代言。通过鲜活的个体，展现新生代农业转移人口的风采、表达新生代农业转移人口的声音、提升新生代农业转移人口的形象，吸引更多城市居民了解新生代农业转移人口、关注新生代农业转移人口、接纳新生代农业转移人口。

3.借助媒体宣传教育功能塑造社会亚文化

在我国经济社会长期城乡二元体制的影响下，形成了彼此相对独立的城市文化和乡村文化，在两种截然不同的文化氛围影响下，城乡居民的生活习惯、消费方式、思想观念差别巨大。虽然比起第一代农业转移人口，新生代农业转移人口特征更倾向于城市居民，但是和城市居民还是有显著差异，这些差异构成了新生代农业转移人口融入城市的障碍。因此可以借助媒体的力量，促进城乡文化互相融合。

四、营造和谐社区氛围，加强新生代农业转移人口心理认同感

1.创新社区管理体制

传统的社区管理理念陈旧，不符合当今发展"以人为本"新型城镇化、促进新生代农业转移人口融入城市、共享共建的社会发展理念，无法适应新形势下社区建设，因此必须创新社区管理体制。把新生代农业转移人口纳入社区管理体系之内，提供给他们应该享有的社区服务，以服务促管理。由各个街道办事处出面组织专门针对新生代农业转移人口的管理委员会，指导管辖社区工作，引导新生代农业转移人口遵守社区准则，参与社区活动，树立社区"主人翁"意识，产生社区归属感。要充分发挥社区服务和帮扶平台的职能。现阶段，我国各项政策和制度还不健全，新生代农业转移人口面临的失业、子女教育等问题无法得到有效解决，因此要把社区建设为服务新生代农业转移人口的重要平台，在社区内建立就业信息专栏，让社区成为就业信息网络终端之一，使新生代农业转移人口能够便捷获得信息。同时新生代农业转移人口还可以在社区内提供保洁和家政服务，既方便了社区居民，也解决了新生代农业转移人口就业问题。

2.提升社区文化服务

新生代农民工社会网络的"内卷化"倾向若无法缓解，则会阻碍新生代农

民工的社会融入和社会参与，使该群体的城市生活方式呈现出一种"自我梳理"的特征。对于缓解新生代农民工的"内卷化"倾向，需要以社区为服务主体，引导新生代农民工群体的城市生活社会网络向"外延化"转变，由新生代农民工和基层社区服务机构共同形成内外合力。[①] 因此要以社区为依托，结合社区内居住新生代农业转移人口的特点和偏好，为其提供公共文化服务。以社区为依托打造新生代农业转移人口文化家园，丰富新生代农业转移人口精神生活，提升新生代农业转移人口自身素养。合理布局活动设施，优化配置活动项目。逐步提高新生代农业转移人口享受文化服务水准，使其达到和城市居民同等水平，缩小新生代农业转移人口心理差距，营造积极开放、兼容并蓄、和谐宽容的社会文化体系。街道办事处要切实负起责任，消除新生代农业转移人口的隔膜感和排斥感，使他们尽快适应社区文化，融入社区文化。丰富的社区活动不仅是社区文化的体现，也是社区场域对新生代农业转移人口的拉力。社区应结合自身特色和优势，举办新生代农业转移人口喜闻乐见的娱乐活动和激发社区凝聚力的帮扶活动，提高新生代农业转移人口参与积极性。如整合社区资源建设新生代农业转移人口活动中心，中心内设体育活动中心、书屋以及电子阅览室，打造成新生代农业转移人口休闲娱乐和自我提升的场所。

3. 开展社区教育培训

新生代农业转移人口文化素质与社会整体水平相比仍然偏低，因此社区应针对这一情况对新生代农业转移人口进行城市生活能力和社会融入能力培训，帮助新生代农业转移人口成为合格的市民和居民，促进新生代农业转移人口社会融入。社区要为新生代农业转移人口打造交往平台，给他们提供与当地居民互相接触的机会，在接触中加深了解。加强对新生代农业转移人口的思想政治教育，使他们树立正确的世界观、人生观和价值观。教育内容要贴合新生代农业转移人口的实际情况，与他们的自身利益相结合，增强新生代农业转移人口

[①] 陈鹏,高旸.新生代农民工城市社会融入与社区治理探研：以 J 省新生代农民工群体为例 [J]. 长白学刊 ,2021(6):122–130.

学习的积极性。要根据新生代农业转移人口的年龄、需求、文化水平和理解能力寻求切入点，增强教育效果。在教育过程中做到以情感人、以理服人，提高思想政治教育实效性。同时组织具有心理咨询资格人员为新生代农业转移人口专业进行免费心理咨询，通过科学的心理疏导解决他们的心理困惑，化解心理失衡，使新生代农业转移人口能够对自我有清醒的认识，形成积极进取、乐观向上的心态，提高新生代农业转移人口抗压能力，端正对待挫折的态度，培养健全的人格，使其能够更快地适应城市生活。

参考文献

（一）经典著作

[1] 马克思恩格斯选集：第 1 卷 [M]. 北京：人民出版社，2012.

[2] 马克思恩格斯选集：第 2 卷 [M]. 北京：人民出版社，2012.

[3] 马克思恩格斯选集：第 3 卷 [M]. 北京：人民出版社，2012.

[4] 马克思恩格斯选集：第 4 卷 [M]. 北京：人民出版社，2012.

[5] 马克思恩格斯全集：第 1 卷 [M]. 北京：人民出版社，1995.

[6] 马克思恩格斯全集：第 2 卷 [M]. 北京：人民出版社，1957.

[7] 马克思恩格斯全集：第 7 卷 [M]. 北京：人民出版社，1959.

[8] 马克思恩格斯全集：第 23 卷 [M]. 北京：人民出版社，1972.

[9] 马克思恩格斯全集：第 25 卷 [M]. 北京：人民出版社，1974.

[10] 马克思恩格斯全集：第 39 卷 [M]. 北京：人民出版社，1974.

[11] 马克思恩格斯全集：第 46 卷　上册 [M]. 北京：人民出版社，1979.

[12] 马克思恩格斯全集：第 46 卷　下册 [M]. 北京：人民出版社，1980.

[13] 马克思恩格斯全集：第 47 卷 [M]. 北京：人民出版社，1979.

[14] 邓小平文选：第 2 卷 [M]. 北京：人民出版社，1994.

[15] 邓小平文选：第 3 卷 [M]. 北京：人民出版社，1993.

（二）文件汇编与党的文献

[16] 中共中央文献研究室 . 十二大以来重要文献选编 . 上 [M]. 北京：人民出版社，1986.

[17] 中共中央文献研究室 . 十四大以来重要文献选编 . 上 [M]. 北京：人民出版社，1996.

[18] 中共中央文献研究室 . 十五大以来重要文献选编 . 中 [M]. 北京：人民出版社，2001.

[19] 中共中央文献研究室 . 十六大以来重要文献选编 . 上 [M]. 北京：中央文献出版社，2005.

[20] 中共中央文献研究室 . 十六大以来重要文献选编 . 中 [M]. 北京：中央文献出版社，2006.

[21] 中共中央文献研究室 . 十六大以来重要文献选编 . 下 [M]. 北京：中央文献出版社，2008.

[22] 中共中央文献研究室 . 十七大以来重要文献选编 . 上 [M]. 北京：中央文献出版社，2009.

[23] 中共中央文献研究室 . 十七大以来重要文献选编 . 中 [M]. 北京：中央文献出版社，2011.

[24] 中共中央文献研究室 . 十七大以来重要文献选编 . 下 [M]. 北京：中央文献出版社，2013.

[25] 中共中央文献研究室 . 十八大以来重要文献选编 . 上 [M]. 北京：中央文献出版社，2014.

[26] 中共中央文献研究室 . 十九大以来重要文献选编 . 上 [M]. 北京：中央文献出版社，2019.

[27] 习近平 . 高举中国特色社会主义伟大旗帜　为全面建设社会主义现代化国家而团结奋斗：在中国共产党第二十次全国代表大会上的报告 [M]. 北京：人民出版社，2022.

[28] 习近平 . 习近平谈治国理政 . 第一卷 [M]. 北京：外文出版社 ,2018.

[29] 习近平 . 习近平谈治国理政 . 第二卷 [M]. 北京：外文出版社 ,2017.

[30] 习近平 . 习近平谈治国理政 . 第三卷 [M]. 北京：外文出版社 ,2020.

[31] 习近平 . 习近平谈治国理政 . 第四卷 [M]. 北京：外文出版社 ,2022.

（三）学术著作

[32] 张笑秋. 新生代农民工人力资本与城市融入研究 [M]. 北京：中国社会科学出版社，2023.

[33] 国家发展和改革委员会，何立群，胡祖才. 国家新型城镇化报告. 2020–2021[M]. 北京：人民出版社，2021.

[34] 国家发展和改革委员会，何立群. 国家新型城镇化报告. 2019[M]. 北京：人民出版社，2020.

[35] 金晓彤. 中国新生代农民工收入状况与消费行为研究 [M]. 北京：经济科学出版社，2020.

[36] 尹德挺，史毅，高亚惠. 新生代农民工人力资本问题研究 [M]. 北京：中国社会科学出版社，2020.

[37] 刘博. 中国新生代农民工生存状况调查 [M]. 上海：上海人民出版社，2018.

[38] 朱广琴. 新生代农民工市民化 [M]. 北京：中国社会科学出版社，2017.

[39] 辜胜祖，简新华. 当代中国人口流动与城镇化[M]. 武汉：武汉大学出版社，1994.

[40] 简新华，黄锟. 中国工业化和城市化过程中的农民工问题研究 [M]. 北京：人民出版社，2008.

[41] 刘传江，程建林，董延芳. 中国第二代农民工研究 [M]. 济南：山东人民出版社，2009.

[42] 张英洪，新市民. 北京市农民工市民化研究 [M]. 北京：社会科学文献出版社，2014.

[43] 岳树岭. 城市化进程中农民市民化问题研究 [M]. 北京：经济管理出版社，2014.

[44] 刘洪银，张洪霞，崔宁. 中国新生代农民工市民化：模式与治理 [M]. 天津：南开大学出版社，2014.

[45] 潘家华，魏后凯．中国城市发展报告．No.6: 农业转移人口的市民化 [M]. 北京：社会科学文献出版社，2013.

[46] 傅晨．农民工市民化的制度创新：基于广东省的实证研究 [M]. 北京：中国经济出版社，2013.

[47] 张占斌，丁德章．城镇化进程中农民工市民化研究 [M]. 石家庄：河北人民出版社，2013.

[48] 申兵．我国农民工市民化问题研究 [M]. 北京：中国计划出版社，2013.

[49] 张广胜．新生代农民工市民化进程的测度及其决定机制：基于人力资本与社会资本 [M]. 北京：经济科学出版社，2013.

[50] 韩玉梅．新生代农民工市民化问题研究 [M]. 哈尔滨：哈尔滨工业大学出版社，2013.

[51] 桂莉，刘红燕，王兴鹏．城乡一体化进程中的农民工市民化研究 [M]. 石家庄：河北科学技术出版社，2013.

[52] 蒋龙成．基于统筹城乡发展的新生代农民工市民化研究 [M]. 杭州：浙江工商大学出版社，2013.

[53] 樊纲，郭万达，等．农民工早退：理论、实证与政策 [M]. 北京：中国经济出版社，2013.

[54] 樊纲，马蔚华．农业转移人口市民化与中国产业升级 [M]. 北京：中国经济出版社，2013.

[55] 范周．新型城镇化与文化发展研究报告 [M]. 北京：光明日报出版社，2013.

[56] 陈兰．新生代农民工的发展和归宿 [M]. 北京：法律出版社，2013.

[57] 黄丽云．新生代农民工市民化中的价值观 [M]. 北京：社会科学文献出版社，2012.

[58] 单菁菁．中国农民工市民化研究 [M]. 北京：社会科学文献出版社，2012.

[59] 胡杰成．农民工市民化研究 [M]. 北京：知识产权出版社，2012.

[60]邓鸿勋.走出二元结构：农民工市民化[M].北京：社会科学文献出版社，2012.

[61]孟习贞.农民工市民化与中国城市化发展研究[M].扬州：广陵书社，2011.

[62]国务院发展研究中心课题组.农民工市民化：制度创新与顶层政策设计[M].北京：中国发展出版社，2011.

[63]谢建设.新生代农民工融入城镇问题研究[M].北京：人民出版社，2011.

[64]许林.湖北新生代农民工市民化的政策与体制研究[M].武汉：中国地质大学出版社，2011.

[65]黄锟.中国农民工市民化制度分析[M].北京：中国人民大学出版社，2011.

[66]刘小年.农民工市民化的政策研究：主体的视角[M].长沙：湖南人民出版社，2010.

[67]马桂萍.中国农民工市民化制度研究[M].大连：辽宁师范大学出版社，2010.

[68]刘文纪.中国农民就地城市化研究[M].北京：中国经济出版社，2010.

[69]宁可平.城市与人：中国城市化进程及其对策[M].北京：人民出版社，2009.

[70]陈甫军，景普秋，陈爱民.中国城市化道路新论[M].北京：商务印书馆，2009.

[71]刘传江，程建林，董延芳.中国第二代农民工研究[M].济南：山东人民出版社，2009.

[72]高珮义.城市化发展学导论[M].北京：中国财政经济出版社，2009.

[73]范恒山，陶良虎.中国城市化进程[M].北京：人民出版社，2009.

[74]王竹林.城市化进程中农民工市民化研究[M].北京：中国社会科学出版社，2009.

[75] 张国胜 . 中国农民工市民化: 社会成本视角的研究 [M]. 北京: 人民出版社，2008.

[76] 刘传江 . 中国农民工市民化进程研究 [M]. 北京：人民出版社，2008.

[77] 费孝通 . 乡土中国 [M]. 北京：人民出版社，2008.

[78] 韩长赋 . 中国农民工的发展与终结 [M]. 北京：中国人民大学出版社，2007.

[79] 何念如，吴煜 . 中国当代城市化理论研究 [M]. 上海：上海人民出版社，2007.

[80] 向德平 . 城市社会学 [M]. 北京：高等教育出版社，2005.

[81] 王德勇，王悦化，李友华 . 农村城镇化发展问题探索 [M]. 北京：中国农业出版社，2005.

[82] 怀廉 . 农村剩余劳动力转移新论 [M]. 北京：中国经济出版社，2004.

[83] 崔功豪，王本炎，查彦玉 . 城市地理学 [M]. 南京：江苏教育出版社，1992.

（四）规范标准

[84] 国家质量技术监督局 . 城市规划基本术语标准：GB/T50280-98[S]. 北京：中国建筑工业出版社，1999.

（五）相关文章

1 学术论文

[85] 王广慧 . 职业技能培训对农民工收入的影响：基于个体基本技能差异的分析 [J]. 东北师大学报（哲学社会科学版），2023（2）：104–115.

[86] 佟光霁，张林 . 构建新时代农民工市民化质量指标体系研究 [J]. 学术界，2022（12）：196–203.

[87] 张金萍 . 提高农业转移人口市民化质量 [J]. 宏观经济管理，2020（9）：15–17.

[88] 史育龙. 提高农业转移人口市民化质量 加快释放内需潜力 [J]. 宏观经济管理，2021（11）：12–14.

[89] 高兴民，郭芹. 就业质量视角下农民工市民化的路径探索 [J]. 贵州师范大学学报（社会科学版），2021（6）：90–101.

[90] 魏万青. 从个体稳定性到家庭迁移：文化认同与农民工稳定城市化 [J]. 西南大学学报（社会科学版），2020（9）：1–11，191.

[91] 钱雪亚，胡琼，宋文娟. 农民工享有的城市基本公共服务水平研究 [J]. 调研世界，2021（5）：3–11.

[92] 李爱民，年猛，戴明锋. 我国农业转移人口深度市民化研究 [J]. 中国软科学，2022（8）：67–78.

[93] 孟令燕. 我国农民工消费结构特征及其驱动因素研究 [J]. 商业经济研究，2021（7）：70–73.

[94] 李国梁，甘舒萍. 政策工具视角下新生代农民工培训政策文本量化分析 [J]. 中国人力资源开发，2020（11）：105–119.

[95] 徐延辉，龚紫钰. 社会质量与农民工的市民化 [J]. 经济学家，2019（7）：90–100.

[96] 刘五景，杨黎红. 新生代农民工有序政治参与的价值意蕴：政治学视角 [J]. 江西师范大学学报（哲学社会科学版），2019（5）：126–132.

[97] 李练军. 新生代农民工市民化政策满意度及影响因素 [J]. 华南农业大学学报（社会科学版），2016，15（3）：47–53.

[98] 张笑秋. 心理因素对新生代农民工市民化意愿的影响：以湖南省为例 [J]. 调研世界，2016（4）：17–22.

[99] 黄延廷，刘昕瑜. 人力资本视阈下的新生代农民工市民化研究 [J]. 中南民族大学学报（人文社会科学版），2016（3）：97–101.

[100] 梁伟军，马雪娇，李虹韦. 基于市民化意愿的新生代农民工市民化素质提升研究：对湖北省294位新生代农民工的调查分析 [J]. 中南民族大学学报（人文社会科学版），2016（3）：102–106.

[101] 李军刚. 新生代农民工市民化的权益诉求与政策保障 [J]. 理论探讨, 2015（6）：158–161.

[102] 谢东虹. 工作时间与收入水平对新生代农民工市民化意愿的影响：基于 2015 年北京市的调查数据 [J]. 调研世界, 2016（3）：22–25.

[103] 赵卫华. 独特化还是市民化：新生代农民工消费模式分析 [J]. 北京社会科学, 2015（3）：39–46.

[104] 王玉峰. 新生代农民工市民化的现实困境与政策分析 [J]. 江淮论坛, 2015（2）：132–140,155.

[105] 张笑秋. 新生代农民工市民化意愿心理影响因素的理论框架 [J]. 西北农林科技大学学报（社会科学版）, 2015（3）：44–49.

[106] 李练军. 中小城镇新生代农民工市民化意愿影响因素研究：基于江西省 1056 位农民工的调查 [J]. 调研世界, 2015（3）：36–41.

[107] 吕效华. 中部地区跨省流动新生代农民工"市民化地"选择与本地区工业化、城镇化的逻辑关系 [J]. 中国青年研究, 2015（5）：66–70.

[108] 赵立. 新生代农民工的市民化心理适应：对浙江省 904 个样本的调查与分析 [J]. 管理世界, 2014（11）：180–181.

[109] 李俭国, 张鹏. 新常态下新生代农民工市民化社会成本测算 [J]. 财经科学, 2015（5）：131–140.

[110] 叶玲. 新生代农民工市民化社会资本构成研究：来自湖南调研的发现 [J]. 人口与发展, 2015（2）：60–65,83.

[111] 张俊. 新生代农民工对市民化支持政策的认知度及其影响因素 [J]. 农村经济, 2015（6）：101–105.

[112] 徐济益, 许诺. 迁移网络对新生代农民工市民化选择的驱动效应分析 [J]. 经济体制改革, 2015（4）：96–101.

[113] 李练军. 新生代农民工融入中小城镇的市民化能力研究：基于人力资本、社会资本与制度因素的考察 [J]. 农业经济问题, 2015（9）：45–53,110–111.

[114] 刘启营. 新生代农民工市民化: 从嵌入到契合: 基于空间理论的视角 [J]. 理论月刊, 2015（11）: 156–161.

[115] 林娣. 新生代农民工市民化的人力资本困境 [J]. 东北师大学报（哲学社会科学版）, 2014（2）: 215–217.

[116] 姚植夫, 薛建宏. 新生代农民工市民化意愿影响因素分析 [J]. 人口学刊, 2014（3）: 107–112.

[117] 张洪霞. 新生代农民工市民化的影响因素研究: 基于全国 797 位农民工的实证调查 [J]. 调研世界, 2014（1）: 26–30.

[118] 张宏如, 马继迁. 员工帮助计划促进新生代农民工市民化研究 [J]. 福建论坛（人文社会科学版）, 2014（2）: 175–179.

[119] 杨聪敏. 新生代农民工的"六个融合"与市民化发展 [J]. 浙江社会科学, 2014（2）: 71–77, 157.

[120] 丁静. 提高新生代农民工市民化能力的思考 [J]. 郑州大学学报（哲学社会科学版）, 2014（3）: 34–37.

[121] 韦向阳, 刘亮. 包容性发展视角下新生代农民工市民化问题与对策研究 [J]. 华东理工大学学报（社会科学版）, 2014（2）: 101–109.

[122] 刘洪银. 新生代农民工市民化治理机制 [J]. 兰州学刊, 2014（3）: 133–138.

[123] 丁静. 新生代农民工完全市民化的有效机制构建 [J]. 中州学刊, 2014（4）: 82–85.

[124] 李诗然, 方小教. 新生代农民工市民化路径选择的新趋势 [J]. 江淮论坛, 2014（3）: 24–27, 95.

[125] 王萌. 收入状况、消费行为与新生代农民工市民化: 基于河南省十八地市的实证分析 [J]. 中国青年研究, 2014（9）: 55–59.

[126] 林娣. 新生代农民工市民化的社会资本困境与出路 [J]. 社会科学战线, 2014（6）: 179–182.

[127] 张笑秋. 新生代农民工市民化意愿分析 [J]. 江西社会科学, 2014, 34

（7）：195-200.

[128] 陈延秋，金晓彤.新生代农民工市民化意愿影响因素的实证研究：基于人力资本、社会资本和心理资本的考察 [J].西北人口，2014（4）：105-111.

[129] 何晶.互联网与新生代农民工市民化：基于广州市的个案分析 [J].广东社会科学，2014（5）：209-216.

[130] 张洪霞，崔宁.市民化视阈下新生代农民工就业质量问题研究：基于全国 3402 个样本数据的调查 [J].调研世界，2014（11）：25-28.

[131] 崔宁.新生代农民工市民化进程及影响因素研究 [J].调研世界，2014（9）：26-30.

[132] 吕效华.新生代农民工的市民化与乡土文化的传承 [J].中国青年研究，2013（11）：30-34.

[133] 徐冰.城镇化视阈下新生代农民工市民化现状分析及对策研究 [J].求实，2013（9）：44-46.

[134] 潘华."回流式"市民化：新生代农民工市民化的新趋势：结构化理论视角 [J].理论月刊，2013（3）：171-174.

[135] 赵利梅.消费认同视角下新生代农民工市民化的消费行为和影响机理 [J].农村经济，2013（3）：127-129.

[136] 王丽霞，王连伟，堵琴囡.文化认同、社区融入与市民化：新生代农民工城市融入的有效路径：基于对 F 省 Q 市城市社区文化建设的调研 [J].晋阳学刊，2013（2）：101-107.

[137] 张善柱.新生代农民工优先市民化的必要性与可行性研究 [J].调研世界，2013（3）：28-31.

[138] 吴来桂.新生代农民工市民化的困境与对策 [J].宏观经济管理，2013（5）：75-76.

[139] 李雪蓉.新生代农民工利益诉求的市民化路径 [J].求索，2013（2）：260-262.

[140] 余成跃，姚雪萍.再论新生代农民工的市民化问题 [J].农村经济，

2013（5）：107–111.

[141] 汪丽萍. 融入社会视角下的新生代农民工消费行为：市民化消费和炫耀性消费 [J]. 农村经济，2013（6）：126–129.

[142] 黄佳豪. 社会排斥视角下新生代农民工市民化问题研究 [J]. 中国特色社会主义研究，2013（3）：77–81.

[143] 张骞. 新生代农民工市民化的内在冲突与逻辑路向 [J]. 求实，2013（4）：45–48.

[144] 刘洪银. 新生代农民工内生性市民化与公共成本估算 [J]. 云南财经大学学报，2013（4）：136–141.

[145] 宓现义. 公共图书馆服务新生代农民工市民化策略研究 [J]. 四川图书馆学报，2013（5）：10–13.

[146] 丁静. 中国新生代农民工市民化问题研究 [J]. 学术界，2013（1）：215–226，288.

[147] 田新朝，张建武. 基于双重结构的新生代农民工市民化及其影响研究：以广东省为例 [J]. 人口与发展，2013（1）：2–12.

[148] 李荣彬，袁城，王国宏，等. 新生代农民工市民化水平的现状及影响因素分析：基于我国 106 个城市调查数据的实证研究 [J]. 青年研究，2013（1）：1–11,94.

[149] 周密，张广胜，黄利. 新生代农民工市民化程度的测度 [J]. 农业技术经济，2012（1）：90–98.

[150] 张静. 城乡统筹发展中新生代农民工市民化问题探析 [J]. 理论探讨，2012（1）：159–161.

[151] 周智. 新生代农民工市民化问题的政治学分析 [J]. 河南社会科学，2012（1）：53–55.

[152] 刘应君. 促进新生代农民工市民化的对策探讨 [J]. 经济纵横，2012（3）：101–103.

[153] 江小容，王征兵. 新生代农民工市民化困境及路径选择 [J]. 求索，

2012（1）：61-63.

[154]宋华明，汤秋芳.破除新生代农民工市民化"三重"约束的路径探析[J].农村经济，2012（3）：109-112.

[155]任娟娟.新生代农民工市民化水平及影响因素研究：以西安市为例[J].兰州学刊，2012（3）：118-125，131.

[156]李景平，程燕子，汪锐.我国新生代农民工市民化的发展路径[J].西北人口，2012,33（4）：18-22.

[157]张丽艳，陈余婷.新生代农民工市民化意愿的影响因素分析：基于广东省三市的调查[J].西北人口，2012（4）：63-66.

[158]金萍.论新生代农民工市民化的住房保障[J].社会主义研究，2012（4）：89-91.

[159]刘丽.新生代农民工"市民化"问题研究：基于社会资本与社会排斥分析的视角[J].河北经贸大学学报，2012（5）：57-60.

[160]刘应君.我国新生代农民工市民化的对策[J].经济研究参考，2012（30）：21.

[161]李丹，李玉凤.新生代农民工市民化问题探析：基于生活满意度视角[J].中国人口·资源与环境，2012，22（7）：151-155.

[162]王慧博.新生代农民工市民化社会融入风险研究[J].社会科学辑刊，2012（5）：58-64.

[163]胡晓登.中国资产建设主要瞄准群体：市民化进程中的新生代农民工[J].贵州社会科学，2012（11）：72-75.

[164]刘洪银.新生代农民工渐进式市民化必要性和可行性[J].现代经济探讨，2012（12）：65-69.

[165]刘洪银.农地权益：新生代农民工市民化的基础[J].开放导报，2012（6）：49-52.

[166]余成跃.新生代农民工市民化的障碍及路径探析[J].科学经济社会，2012（4）：24-27，33.

[167] 高华.“新生代农民工”市民化进程中工会的职责作用研究 [J]. 中国劳动关系学院学报，2011（1）：55–59.

[168] 董延芳，刘传江，胡铭. 新生代农民工市民化与城镇化发展 [J]. 人口研究，2011（1）：65–73.

[169] 夏显力，张华. 新生代农民工市民化意愿及其影响因素分析：以西北3省30个村的339位新生代农民工为例 [J]. 西北人口，2011（2）：43–46，51.

[170] 张建丽，李雪铭，张力. 新生代农民工市民化进程与空间分异研究 [J]. 中国人口·资源与环境，2011，21（3）：82–88.

[171] 江小容. 新生代农民工市民化问题研究 [J]. 河南社会科学，2011（3）：100–102.

[172] 王志勇. 新生代农民工市民化的机制研究 [J]. 开放导报，2011（4）：72–75.

[173] 周旭霞. 断层：新生代农民工市民化的经济架构：基于杭州新生代农民工的调研 [J]. 中国青年研究，2011（9）：67–71.

[174] 黄丽云. 新生代农民工市民化障碍的结构化特征与对策 [J]. 福建农林大学学报（哲学社会科学版），2011（4）：18–21.

[175] 王全美. 基于 ERG 需要理论的新生代农民工市民化路径分析 [J]. 农村经济，2011（10）：111–114.

[176] 张春华. 新生代农民工市民化与中国乡村社会建设[J]. 求索，2011（9）：73–75.

[177] 孟宪生，关凤利. 市民化视角下统筹推进新生代农民工就业转型研究 [J]. 管理现代化，2011（6）：44–46.

[178] 张斐. 新生代农民工市民化现状及影响因素分析 [J]. 人口研究，2011（6）：100–109.

[179] 胡江. 新生代农民工市民化的现状与对策：以重庆为例的调查研究 [J]. 中国青年政治学院学报，2011，30（6）：123–128.

[180] 蔡志刚. 新生代农民工市民化问题初探 [J]. 理论探索，2010（2）：

91–93.

[181] 刘传江 . 新生代农民工的特点、挑战与市民化 [J]. 人口研究，2010，34（2）：34–39，55–56.

[182] 李乐军 . 以城市公共物品供给为先导 促进新生代农民工市民化 [J]. 理论导刊，2010（7）：53–55.

[183] 邓秀华 . 新生代农民工问题及其市民化路径选择 [J]. 求索，2010（8）：71–73.

[184] 唐若兰 . 新生代农民工市民化与统筹城乡发展 [J]. 财经科学，2010（10）96–102.

[185] 刘文烈，魏学文 . 关于新生代农民工市民化问题的思考 [J]. 东岳论丛，2010，31（12）：151–154.

[186] 夏丽霞，高君 . 新生代农民工市民化进程中的社会保障 [J]. 城市发展研究，2009（7）：119–124.

[187] 王艳华 . 新生代农民工市民化的社会学分析 [J]. 中国青年研究，2007（5）：38–41.

2 报纸类

[188] 熊丽 . 做好农民工就业这篇大文章 [N]. 经济日报，2023–05–26.

[189] 刘成友，贺勇，夏妍 . 农民工"融"入城市了吗 [N]. 人民日报，2014–07–27.

[190] 国家新型城镇化规划（2014–2020 年）[N]. 人民日报，2014–03–17.

3 学位论文

[191] 陈儒韵 . 乡村振兴背景下促进返乡农民工就业联动机制研究：以 F 市返乡农民工群体为例 [D]. 南昌：南昌大学，2023.

[192] 赵安 . 农民工工伤保险研究：基于政府、企业、农民工责任分担的视角 [D]. 北京：中国社会科学院，2022.

[193] 周上 . 社会转型中的农民工形象：以《南方周末》（1984–2020）农民

工报道为例 [D]. 南京：南京师范大学，2021.

[194] 王佳琪 . 农民工群体商业医疗保险参保影响因素分析：基于初代与新生代农民工的比较 [D]. 大连：东北财经大学，2020.

[195] 黄琳 . "乡土移植"与"就近转型"：农民工市民化的路径选择 [D]. 武汉：华中师范大学，2014.

[196] 刘荣 . 西北城市农民工市民化研究 [D]. 武汉：华中师范大学，2014.

[197] 王晓丽 . 中国人口城镇化质量研究 [D]. 天津：南开大学，2013.

[198] 徐艺 . 青岛市人口城镇化问题研究 [D]. 长春：吉林大学，2013.

[199] 卢通道 . 城乡统筹背景下重庆市新生代农民工市民化问题研究 [D]. 重庆：重庆大学，2013.

[200] 彭元 . 我国新生代农民工市民化问题的研究 [D]. 西安：陕西师范大学，2013.

[201] 张苏婉 . 当前我国农民工市民化面临的障碍与对策研究 [D]. 郑州：郑州大学，2013.

[202] 马海棠 . 新生代农民工市民化问题的政府对策探析 [D]. 苏州：苏州大学，2012.

[203] 汪利川 . 我国新生代农民工市民化的主要障碍及对策研究 [D]. 重庆：重庆大学，2012.

[204] 刘鹏宇 . 农民工市民化的地方经验比较研究 [D]. 杭州：浙江大学，2012.

（六）外文类

[205]GULDING G. What's a peasant to do?[M]. West view Press, 2001.

[206]FLIERL B, MARCUSE P. Urban policy and architecture for people, not for power[J]. City, 2009,13（2）.

[207]SPIERS J H. "Planning with People": Urban Renewal in Boston's Washington Park, 1950–1970[J]. Journal of Planning History, 2009, 8（3）.

[208]GEORGE M, KALERVO G. Indigenous people and urbanization[J]. Environment and Planning Part A, 2010, 42（2）.

[209]KURT B. Urbanization of the japanese people[J]. Asian Survey, 1941,10(16).

[210]TANER Oc. People and urban renaissance[J]. Journal of the American Planning Association, 2000, 66（4）.

[211]GRAW M, B. T. Urban renewal in the interest of all the people[J]. The Phylon Quarterly, 1958, 19（1）.

[212]WHEELER S M. Urban design and people [J]. Journal of Architectural and Planning Research, 2011, 27（4）.

[213]YU Z. In situ urbanization in Rural China: case studies from fujian province[J]. Development and Change, 2000, 31（4）.

[214]GUSS M. Introduction: indigenous peoples and new urbanisms[J]. The Journal of Latin American and Caribbean Anthropology, 2006, 12（6）.

[215]MIKE. Urban transformations: power, people and urban design[J]. Town Planning Review, 2002, 173（1）.

[216]WATSON M K. Unsettled places: aboriginal people and urbanization in new south wales[J]. Australian Journal of Anthropology, 2009, 20.